Zu diesem Buch

Nach ihrer ergreifenden Liebes- und Totenklage «Nur einen Seufzer lang» (rororo Nr. 1121) schrieb Anne Philipe dieses Buch der Rückkehr aus dem Bannkreis des Todes. Durch den Alltag von Paris und die sommerliche Provence geht im stillen dieser Weg, auf dem die Stimmen zweier Lebensalter, von Mutter und Tochter, fugenartig zusammenklingen. Hell und voll drängender Ungeduld hebt die des Kindes an, bis es nach der Begegnung mit der Alten auf dem Hügel mehr und mehr aus seiner kindhaften Ahnungslosigkeit zu einem schon weiblich empfindenden Bewußtsein erwacht. Wenn das Gespräch mit der Tochter verstummt, beginnt wieder die Zwiesprache der jungen Frau mit dem Schatten der Erinnerung, mit dem eigenen Herzen, das nicht vergessen kann und doch das Leben wieder lieben lernen und ihm vertrauen möchte. Zaghaft erst, dann immer freier öffnet es sich dem Anruf der Freude, regt sich in ihm die Sehnsucht nach neuer Gemeinsamkeit, nach lebendiger Antwort. – «Nouvelles Littéraires», Paris: «Die ebenso behutsame wie freimütige Intelligenz, mit der die Herzensregungen zwischen Constance und ihrer Mutter eingefangen sind, wirkt heilsam und tröstend in einer Zeit, in der billige Magazine den Eltern Psychologie anpreisen, wo Zärtlichkeit genügen würde.»

Anne Philipe, zwischen den beiden Weltkriegen in Brüssel geboren, lebt seit 1938 in Paris. Sie ist Mitarbeiterin des Musée de l'Homme und drehte volkskundliche Filme in Äquatorialafrika. 1949 gründete sie zusammen mit Jean Rouch das Comité du Film Ethnographique. Als Journalistin ist sie ständige Mitarbeiterin von «Les Lettres Françaises», «Liberation» und «Le Monde». Sie bereiste den Verbindungsweg zwischen China und Kaschmir über Sinkiang, die alte «Seidenstraße», worüber 1955 ihr Buch «Caravanes d'Asie» erschien. Von 1959 bis 1962 hielt sie sich in Kuba auf und veröffentlichte darüber eine vielbeachtete Reportage. Sie war seit 1946 mit dem 1959 verstorbenen Schauspieler Gérard Philipe verheiratet und hat einen Sohn und eine Tochter.

Anne Philipe

Morgenstunden des Lebens

Rowohlt

Die Originalausgabe erschien bei René Julliard, Paris
unter dem Titel «Les Rendez-vous de la colline»
Aus dem Französischen übertragen von Helene Henze
Umschlagentwurf Werner Rebhuhn
(Foto: Studio Maywald, Paris)

1.–27. Tausend	Dezember 1971
28.–32. Tausend	Februar 1976
33.–37. Tausend	März 1978
38.–41. Tausend	August 1980

Veröffentlicht im Rowohlt Taschenbuch Verlag GmbH,
Reinbek bei Hamburg, Dezember 1971

Gesamtherstellung Clausen & Bosse, Leck
Printed in Germany
480-ISBN 3 499 11468 2

Morgenstunden des Lebens

I

An jenem Tage kam Constance in heller Aufregung von der Schule heim. Hübsch sah sie aus, rosig, ihre Augen strahlten.

«Ich muß dir sofort etwas erzählen!» sagte sie zu Marie. «Ich glaube aber, ich hab es ganz richtig gemacht.»

Sie zog die Mutter in ihr Zimmer, drückte sie aufs Bett und stellte sich vor ihr auf.

«Hör zu ... Nach der Schule bin ich mit Françoise zu der Mama von Pierre Leroy gegangen. Pierre Leroy ist Antoines bester Freund. Du weißt doch, Antoine, das ist der Junge, den ich so gern mag, und Madame Leroy, du kennst sie, sie ist blond, sehr schön, süß sieht sie aus, sie trägt die Haare im Nacken zu einem dicken Zopf geflochten, aber sie läßt ihn nicht auf dem Rükken hängen, immer wieder holt sie ihn über die linke Schulter nach vorn, das sieht so nett aus. Ja ... und ... also wir sind zu ihr raufgegangen, Françoise und ich, und ich hab zu ihr gesagt: ‹Wissen Sie, Madame Leroy, Pierre und Antoine wollen nicht mehr mit uns spielen, sie sagen, es sei lächerlich, mit Mädchen zu spielen; ich versteh gar nicht warum, wir spielen doch ebenso gut wie die Jungens.› Da sagte Madame Leroy: ‹Davon hab ich ja gar nichts gewußt, nein, wirklich, das ist mir ganz neu, was erzählst du mir denn da! Das ist ja albern, das müssen wir wieder einrenken, ihr müßt euch wieder vertragen. Was für eine dumme Geschichte!› – ‹Ja›, hab ich gesagt, ‹und an alldem ist nur Marc Laffite schuld, Marc ist wirklich ein gemeiner, ungezogener Junge, er will nur kommandieren und sagt, sie machten sich lächerlich, wenn sie mit Mädchen spielten, und nun spielen Pierre und Antoine nicht mehr mit uns.› Natürlich hab ich ihr nicht verraten, daß Antoine in dieses andere Mädchen verschossen war; ich mag ihren Namen nicht mal in den Mund nehmen, aber ich hab dir von ihr erzählt, du weißt schon, wen ich meine ... Ich kann sie nicht ausstehen ...»

Marie hörte zu. Nach einer Weile sagte sie:

«Was würdest du von einem Jungen halten, wenn er hinter deinem Rücken zu mir gelaufen käme, sich bei mir beklagte, daß du nicht mit ihm spielen willst, und mich bäte, ein gutes Wort für ihn einzulegen?»

«Du verstehst auch gar nichts!» brauste Constance auf. «Du denkst an Roland, Roland hab ich nie leiden können, aber Antoine hat mich gern gemocht; das ist etwas ganz anderes!»

Kerzengerade, das Kinn vorgestreckt und den Nakken steif, verließ sie das Zimmer ihrer Mutter. Marie, die das Gespräch nicht abreißen lassen wollte, ging ihr nach.

Constance drehte sich um und schrie:

«Du hältst mich immer noch für ein Kind ... Ich bin kein Kind mehr ... Weißt du denn nicht, daß manche Mädchen längst keine Kinder mehr sind, bevor sie die Regel bekommen? Versuch doch zu begreifen: ich bin zu Madame Leroy gegangen, weil es das *einzige* Mittel war.»

Marie entgegnete ruhig, wenn sie schon so vernünftig wäre, müßte sie eigentlich wissen, daß man die Gefühle anderer nicht beeinflussen kann, indem man sich hinter ihre Mütter steckt.

«Ja», gab Constance schon mit weniger scharfer Stimme zu, «aber weißt du, vielleicht gelingt mir mein Plan doch, denn ich glaube, daß Antoine mich im Grunde immer noch gern mag, er ist nur zu schüchtern, für einen Jungen viel schüchterner, als ich für ein Mädchen bin; übrigens ist das immer so, ich merke es jeden Tag ... Ich möchte mal wissen, in welchem Alter die Jungens mutiger werden als die Mädchen ... In der Pause schau ich mir oft die Großen an, siehst du, und es sind fast immer die Mädchen, die sich über die Jungens lustig machen ...»

Einen Augenblick schwieg sie, schlug die Augen nieder, schluckte und fuhr dann fort:

«Ich will, daß Antoine wieder mit mir spielt ... Du hast doch nichts dagegen, es ist dir doch recht? Du willst mir doch nicht verbieten, mit ihm zu spielen?»

«Nein, ganz gewiß nicht», sagte Marie.

Das Kind atmete auf und fuhr sich mit der Hand durch die Haare.

«Oh, bin ich froh.»

Zum Abendessen kamen Freunde. Constanze sprach kaum ein Wort. Ab und zu gab sie ihrer Mutter ein kleines Zeichen heimlichen Einverständnisses, und Marie erwiderte es. Einer der Gäste bemerkte, um nicht zu sagen, sie sei schön: «Wie prächtig sieht Constance heute abend aus!»

Sie frohlockte.

Der nächste Tag war ein Donnerstag. Constance kroch zu Marie ins Bett, um bei ihr zu lesen. Sie hatte ihr Kopfkissen mitgebracht und legte es neben das ihrer Mutter. Heute war keine Schule; sie konnten bis neun Uhr liegen bleiben. Constance las eine der zahlreichen Alice-Geschichten von Caroline Quine: *‹Alice und der Kerzenleuchter›*.

«Liest du solche Bücher wirklich gern?» fragte Marie.

«Immer hast du was an meinen Büchern auszusetzen, was soll ich denn lesen?»

Marie war überrumpelt.

«Ich weiß nicht ... Zum Beispiel *‹Der kleine Prinz›*.»

«*‹Der kleine Prinz›*, das hab ich angefangen, aber schon von der ersten Seite an, wenn er von dem Schaf spricht und daß er eine Kiste zeichnet, um es da hineinzustecken – erinnerst du dich? –, da merkt man schon, daß es ein Buch für Kinder ist.»

«Schön», sagte Marie, ohne sich in eine Diskussion einzulassen und ohne zu überlegen, «und *‹Nur so Geschichten›* von Kipling?»

«Aber nein, *‹Nur so Geschichten›*, das ist doch nicht wie im Leben, die sind doch auch für Kinder ... Du verstehst nicht, ich lese gern wahre Geschichten, wahre Geschichten von Liebe und Abenteuern, Geschichten, die wirklich wahr sind wie die für die Erwachsenen ... Siehst du, das ist ja ganz niedlich, wie der Elefant zu seinem Rüssel kommt und wie der Schmetterling mit seinem Fuß aufstampft, das ist alles sehr hübsch, aber das sind Märchen, nichts für mich ... Das ist nicht wie im Leben.»

Weihnachten kam. Es war kalt, dann schneite es, und Marie machte mit Constance lange Spaziergänge durch das weiße Land. Einige Tage vor dem Ende der Ferien kehrten sie nach Paris zurück. Noch ging das Leben in der Stadt einen ruhigen Gang. Am zweiten Abend rief Madame Leroy an. Sie fragte, ob Constance am nächsten Tag mit Françoise zu ihr kommen dürfe. Constance lag auf der Lauer.

«Das ist für mich, das ist für mich, gib her ... Ich wußte es doch ...»

Ehe sie ihrer Mutter den Hörer aus der Hand riß, hörte Marie noch: «Antoine kommt auch, ich glaube, die Mädchen werden zufrieden sein ...»

Constance sagte sehr höflich guten Tag, dann lauschte sie; sie wurde ein wenig blaß, als sie antwortete: «Ja ... ja ... schön, gern ... ja», und zum Schluß: «Also um wieviel Uhr darf ich kommen? Um zwölf? Gut, ich komme also um zwölf ... Und soll ich es auch Françoise sagen?» Und endlich: «Auf Wiedersehen, Madame, bis morgen ...» Sie hängte ein.

«Ich wußte es, ich wußte, daß sie mir helfen würde, sie ist wirklich eine tolle Frau!»

Françoise war nicht zu Hause, und Constance konnte sie vor dem Schlafengehen nicht mehr erreichen. Der Abend verging unter tausend Ängsten. Am Morgen waren dem Kind die Haare gewaschen worden, und danach blieben sie immer zwei bis drei Tage lang spröde, ehe sie wieder natürlich fielen. Daran dachte Constance offenbar, als sie ihre Mutter um Haarwasser bat, «um ihnen ein bißchen Halt zu geben». Wie sie es bei der Mutter gesehen hatte, machte sie sich im Badezimmer ans Werk, rieb sich die Kopfhaut ein und massierte sie dann.

«Ich fühle, wie gut das tut», sagte sie mit eifriger Miene.

Danach nahm sie die Bürste, beugte den Kopf zuerst nach vorn, dann zurück und bürstete sich gründlich, kämmte sich mit Hingabe und brachte dabei die Haare mit der Hand in die gewünschte Lage. Prüfend betrachtete sie sich im Spiegel dicht unter der brennenden Lampe und murmelte vor sich hin: «So geht es, so geht es . . .»

Während sie sich auszog, rief sie Marie und überlegte mit ihr, welches Kleid, welche Schuhe und Söckchen sie anziehen sollte.

«Eine Strumpfhose zieh ich nicht an, das macht die Beine so mager . . . Söckchen schmeicheln mehr, findest du nicht auch? Besonders die weißen, und sie sind sogar sauber! Ach Mama, das ist lieb von dir . . . Wie lächerlich, daß es für mein Alter keine Schuhe mit hohen Absätzen gibt . . . Für die kleinen spanischen Tänzerinnen gibt es welche, aber in Frankreich kann man sie nicht tragen, man würde sich lächerlich machen . . . Und Nylonstrümpfe? Wann darf ich endlich richtige Nylonstrümpfe anziehen, ganz feine? Hast du die Strümpfe in *Elle* gesehen? Für dich ist die Mode nicht mehr ganz passend . . . Man sieht viel gemusterte Wollstrümpfe . . . Sie sind nicht häßlich, nur muß man dafür spindeldürre Beine haben . . .»

Sie küßte Marie innig, und als das Licht ausgemacht war, schlang sie die Arme um ihren Hals und fragte mit einer Engelsstimme, ob es lächerlich wäre, wenn sie sich ein bißchen parfümierte, ob das Antoine wohl gefiele.

Um sieben Uhr früh kam sie zu Marie ins Zimmer, mit sich und der Welt auf dem Kriegsfuß, nachdem sie zwei Kleider, einen Rock und einen Pullover anprobiert hatte. «Ich weiß absolut nicht, was ich anziehen soll.»

Sie war blaß, die Nase spitz, ihre Augen blickten trübe, die Haare lagen platt an, und zwei Pickel sprossen ihr um den Mund. Ihre Schönheit ließ sie an diesem Morgen im Stich. Beim Frühstück rührte sie fast nichts an, und kaum hatte sie den letzten Bissen heruntergeschluckt, ging sie in ihr Zimmer. Marie folgte ihr. Constance bereitete ein japanisches Schächtelchen für ein Geschenk vor, indem sie es mit Watte auspolsterte. Aus ihrem Schatzkästchen hatte sie schon ein Figürchen aus gesponnenem Glas hervorgeholt, das sie von ihrem zerbrochenen Taucherspiel gerettet hatte.

«Für wen ist das?» fragte Marie. Sie wußte wirklich nicht, ob das Geschenk für Pierre oder für Antoine bestimmt war.

«Für Madame Leroy», antwortete Constance. «Ich finde, sie verdient, daß man sich bei ihr bedankt.»

Um neun Uhr erlaubte ihr Marie, Françoise anzurufen. Sie sprach leise, die Nase in der Muschel, und hielt die Hand vor den Mund. Ab und zu prustete sie vor Lachen, den Kopf zwischen die Schultern gezogen.

«Das hat geklappt», verkündete sie, als das Gespräch beendet war.

Eine Stunde später rief Françoise sie an. Sie müsse am Nachmittag ihre Großeltern besuchen und, ein noch ernsterer Grund, ihre Mama erlaube nicht, daß sie zum Essen zu Pierre gehe, weil seine Mutter sie nicht selbst eingeladen habe. Marie fand, man müsse Madame Leroy Bescheid sagen, und Constance hängte sich wieder ans Telefon. «*Allô*, Madame, hier ist Constance», begann sie und erzählte ihr die ganze Geschichte. «Ach, weißt du, das ist nicht weiter schlimm», erwiderte Madame Leroy, «ich glaube, den Jungen wird es ganz lieb sein, wenn sie mit dir allein sind . . .» Constance strahlte. Sie sagte auf Wiedersehen und legte den Hörer auf. Einen Augenblick hing sie schweigend ihren Gedanken nach und lächelte vor sich hin. Dann gab sie sich einen Ruck, warf ihrer Mutter einen raschen Blick zu und erzählte ihr, was Madame Leroy geantwortet hatte.

«Weißt du, erst wurde mir doch ein bißchen flau, als Françoise sagte, daß sie nicht mitkommt . . . Stell dir vor, ich allein den beiden Jungens gegenüber!»

Sie ging in ihr Zimmer und kam nach einer Viertelstunde mit verdrießlicher Miene wieder zum Vorschein, die Haare straff in Klammern gezwängt und mit einem Gummiband zusammengerafft. Da sie ziemlich kurz waren, sah das recht kümmerlich aus. Sobald ein paar Härchen sich lösten, zog sie eine kleine Spange aus der Tasche und steckte die Strähne wieder fest.

«Gefällt es dir, wie ich mich frisiert habe?»

«Frag mich nicht, du weißt es ganz genau», sagte Marie.

«Ja . . . gut . . . du hast mich eben nicht lieb . . .»

«Lieber mag ich dich mit offenen Haaren, so daß sie das Gesicht umrahmen.»

«Ach, wir haben nun mal nicht den gleichen Geschmack, nein, wirklich, wir haben nicht den gleichen Geschmack», sagte sie wie mit einem Knoten in der Kehle.

Sie zog sich wieder zurück und erschien fünf Minuten darauf mit ihren Lackschuhen an den Füßen, die anderen in der Hand.

«Was meinst du? Was zieht man mittags am besten an?»

«Was du willst», sagte Marie.

«Wenn wir aber im Luxembourg spielen und schlittern, zieh ich wohl besser die braunen an.»

«Vielleicht ...»

«Aber was für Söckchen? Die weißen? Oder nicht?»

«Ja, die weißen Söckchen, das sieht ganz hübsch aus.»

«Und das graue Kleid?» fuhr Constance fort. «Oder den Schottenrock?»

«Wie du willst, beides geht gut.»

«Und der Rollkragen? Findest du, daß mir der Rollkragen steht?»

«Ja, wirklich.»

«Und soll ich den grünen oder den grauen anziehen?»

«Den grünen.»

«Aber verträgt er sich mit dem grauen Kleid?»

«Sehr gut.»

«Paßt er nicht besser zu dem Rot des Schottenrocks?»

«Ebenso, das geht auch.»

«Ich seh schon, du willst mir nichts sagen.»

«Aber nein, beides paßt, es kommt darauf an, was du willst, auf deinen Geschmack.»

Sie verschwand abermals; als sie wieder erschien, trug sie den grauen Trägerrock mit dem grünen Pullover, die weißen Socken und die blankgewichsten braunen Schuhe. Ihre Haare waren noch immer fest mit einem Gummiband zusammengerafft und standen über dem Nacken wie ein kleiner Rasierpinsel ab.

«Darf ich den blauen Mantel anziehen?»

«Ja, zieh den blauen Mantel an.»

Sie ging hinaus, um ihn vom Mantelhaken zu holen, und gleich darauf hörte Marie sie im Wäscheschrank kramen. Lässig ein sommerliches Kopftuch aus geblümter Baumwolle unter dem Kinn knotend, trat sie wieder ins Wohnzimmer. Sie war auf einen Einwand gefaßt, doch Marie sagte nichts. Ihr Blick ruhte auf dem Gesicht des Kindes. Wirklich, dachte sie, sie sieht aus wie eine verliebte Frau, die in ihrer Angst und Aufregung vor dem Rendezvous, das sie erwartet, ihre Anmut und ihren Glanz einbüßt. Das scheinbar so selbstsichere, so starke kleine Mädchen, in diesem Augenblick von seinen Gefühlen überwältigt, war kaum wiederzuerkennen.

«Soll ich meine Handtasche mitnehmen? Was meinst du? Mit Tasche oder ohne Tasche?»

«Wie du willst . . .» begann Marie.

Doch sie sah Constances Lippen zittern und fügte hinzu:

«. . . die Handtasche wird dir vielleicht lästig sein.»

Das Kind fiel der Mutter um den Hals, und Marie glaubte ein Schluchzen zu hören, aber sie übersah wohlweislich die Träne, die herabfiel.

«Sag, Mama, sag es mir, wirklich?»

«Nimm deine Handtasche lieber mit», riet Marie, «sie ist hübsch, und du kannst die Hand drauflegen, wenn du sie über die Schulter hängst.»

Constance schlug sich mit der Hand auf die Stirn.

«Ach ja . . . ich brauche sie ja auch, um das Geschenk für Madame Leroy hineinzutun . . . Jetzt hätte ich beinah das Geschenk für Madame Leroy vergessen!»

Sie holte es von ihrem Schreibtisch.

«Hast du gesehen? Ist es nicht hübsch eingepackt? Sie wird sich freuen! Es wird schon alles gutgehen, ich bin ganz sicher.»

«Natürlich wird es gutgehen», stimmte Marie zu, «ihr werdet spielen . . .»

«Ja . . . wir werden spielen, aber wir werden auch miteinander sprechen.»

«Wovon wollt ihr sprechen?»

«Ich hab Antoine viel zu sagen . . . Davon verstehst du nichts . . .»

Constance hatte ihre Standfestigkeit und die leichte, kristallene Härte wiedergefunden. Sie umarmte Marie mit Beschützermiene.

«Mach dir nur keine Sorgen!» ermahnte sie die Mutter mit einem schelmischen Lächeln.

Marie trat ans Fenster. Wenn sie zurückschaut, um zu sehen, ob ich da bin, dann braucht sie mich, sagte sie sich; sonst denkt sie nicht daran. Sie sah sie davongehen, dann plötzlich drehte Constance sich um. Sie winkte nicht, sie drehte sich nur um und stand einen Augenblick da, eine Hand auf die Tasche gelegt, den Kopf hoch erhoben. Dann ging sie weiter.

Am nächsten Morgen rief Antoine dreimal an. Constance genoß ihren Sieg. Beim dritten Anruf tat sie, als hätte sie es nun satt.

«Mein Gott, sind die Jungens schüchtern!»

II

«Soll ich das Weiche herausmachen oder drinlassen?»

«Wenn es noch warm ist, laß es drin.»

Constance räumt ihre Bücher in die Schulmappe bis auf das Geschichtsbuch, das sie der Mutter hinlegt.

«Frag mich schnell die wichtigen Revolutionsdaten ab ... Darüber schreiben wir heute einen Aufsatz.»

Sie setzt sich vor Marie hin und greift nach dem ersten mit Butter und Marmelade bestrichenen Brot.

«Siehst du, heute ist die Stange gerade so, wie ich sie gern mag, nicht zu scharf gebacken und trotzdem knusprig ... Wenn sie jeden Tag so wäre, würde ich nur so schlingen ... Ißt du denn nichts?»

«Doch, doch, keine Sorge.»

Marie schenkt sich eine große Tasse Tee ein und trinkt ihn langsam; bis dahin hat der Tag für sie noch nicht richtig angefangen.

«Ich mache es umgekehrt, ich esse erst ... Ich trinke gern sehr heiß, darum mag ich es nicht, wenn du mir den Tee gleich zu Anfang einschenkst; bis ich gegessen habe, ist er kalt, und ich trinke ihn am liebsten kochendheiß. Darin bin ich wie du ... Hörst du mir jetzt meinen Aufsatz ab?»

«Also sag, welches sind die fünf wichtigsten Revolutionsdaten?»

Constance beginnt in ihrem Schulmädchenton:

«Am 5. Mai 1789 versammeln sich die Generalstände in Versailles. Am 20. Juni schwören die Vertreter des Dritten Standes, nicht auseinanderzugehen, bevor sie die Regierung umgebildet haben. Man nennt es den ‹Schwur im Jeu de Paume›. Jetzt kannst du mir Tee eingießen.»

Marie sieht ihrer Tochter zu, wie sie trinkt. Man kann sich nicht vorstellen, daß sie je eine linkische Bewegung macht – ein richtiges Kätzchen. Sie trinkt in kleinen Schlucken, die Augen gesenkt, die Lippen leicht der Tasse entgegengestreckt, die sie mit den Fingerspitzen beider Hände hochhält, die Ellbogen auf den Tisch gestützt. Mein Töchterchen aus blonder Jade ...

«Wie gut schmeckt dein Tee heute morgen!»

«Heute morgen schmeckt dir alles gut, weil du in bester Stimmung bist!»

... bei allem weiß sie, was sie liebt, was sie verabscheut, was gut ist, was schlecht ist. Marie ist immer wieder erstaunt, mit welcher Bestimmtheit Constance denkt; und dazu dieses romantische Gesichtchen, bei dem man ins Träumen gerät, diese Schwäche, die manchmal sichtbar wird wie ein feiner Riß, der sich rasch wieder schließt, verbirgt, verwischt. Wie fertig, wie entschieden sieht sie aus ... Ist das ein Schutzmantel? Manchmal wird Marie unsicher. Vergiß nicht, sagt sie sich, daß es Züge in ihrem Wesen gibt, die sie weder von ihm hat noch von dir, die nur ihr eigen sind ...

«Nun haben wir vergessen, die Nachrichten zu hören», sagt Constance, «nur wegen meines Aufsatzes.»

Sie schaltet das Radio ein.

«Hörst du, das ist Marie Laforêt, sie singt das Lied von Franz, hörst du?»

Schatz, geh nach Haus,
Dein Mann, der ist krank!
Ist er krank,
Medizin steht im Schrank ...

Constance singt mit:

O komm, lieber Franz,
Noch einen Tanz!
Dann geh ich heim zu meinem Mann,
Zu meinem armen alten Mann ...

«Walzer finde ich doch am allerschönsten ... Der Franz, verstehst du, das ist nicht ihr Mann. Meinst du, sie liebt ihn nicht mehr, weil er alt ist? Das kann ich nicht begreifen, erst liebt man sich, und dann liebt man sich nicht mehr ... Ich, ich werde mich niemals scheiden lassen ... Man müßte ein Gesetz machen, das den Leuten verbietet, zu heiraten, ehe sie nicht vier oder fünf Jahre zusammen gelebt haben, so daß sie sich gründlich kennen und sicher wissen, was sie wollen; und dann zwanzig Jahre lang Scheidungsverbot ... Bis dahin sind sie alt, dann spielt es keine Rolle mehr ...»

«Warum nicht?»

«Weil sie alt sind, also können sie sich ruhig scheiden lassen ... Außerdem haben sie dann keine Lust mehr dazu ... So, und jetzt weiter ...»

Sie zählt an den Fingern nach.

«Zwei Revolutionsdaten hab ich dir schon aufgesagt ... Das dritte ist der 14. Juli und natürlich die Erstürmung der Bastille, und dann kommt die Nacht des 4. August. In der Nacht vom 4. auf den 5. August verschwinden die Privilegien des Adels und der Geistlichkeit, und drei Wochen später werden die Menschenrechte verkündet ...»

«Richtig, wenn auch nicht besonders gut ausgedrückt.»

Wie mag ich in diesem Alter gewesen sein? fragt sich Marie. Empfindungen, Stimmungen tauchen auf, eine blasse Gestalt ... ein hoch aufgeschossenes, schmächtiges Mädchen mit Haaren kurz wie ein Junge. Ihre Mutter hatte eben wieder geheiratet, und sie selbst streifte stundenlang allein durch die Felder und Wiesen. Daran kann sie sich noch deutlich erinnern. Das Haus lag auf einer Anhöhe, rings von Rasen umgeben; von den Wegen, die ihn durchquerten, liebte sie besonders einen, der mit Haselsträuchern gesäumt war. Vom ersten Stock aus sah man unten im Tal ein Gittertor, das auf die Felder ging. Hinter ihnen war ein Wäldchen, blau im Winter. Sie lebte zum erstenmal auf dem Land. Das Haus war sehr groß, besonders im Vergleich zu den drei Zimmern, in denen sie bisher gewohnt hatten. An Regentagen langweilte sie sich nachmittags ein wenig, doch sie mochte es sich nicht eingestehen. Sie blieb am Fenster und sah den Wolken zu, wie sie dahinzogen. Vor den Dienstboten in der Küche fürchtete sie sich, sie hatte immer den Eindruck, daß sie miteinander flüsterten und sich verstohlene Blicke zuwarfen, und sie wagte nicht, um ihr Vesperbrot zu bitten. Eines der Zimmer – man nannte es das ‹seltsame Zimmer› – hatte für sie einen etwas unheimlichen Zauber. Es war klein, nicht sehr hell, und durch die Fenster sah man auf eine Trauerweide. Der große Lehnsessel vor dem Kamin bewahrte stets den Abdruck des Hausherrn, ihres Stiefvaters. Er war ein schöner Mann mit weißem Haar und klaren blauen Augen. Er flößte ihr ein bißchen Scheu ein. Neben seinem Sessel stand eine hohe Lampe und ein niedriger, ovaler, orange lackierter Tisch. Marie sieht ihn noch vor sich, den glänzenden Tisch mit dem schwarzen Rand; es war verboten, etwas darauf zu legen. «Man darf Monsieur nicht ärgern», warnte das Zimmermädchen. Wenn sie abends in das ‹seltsame Zimmer› ging, hockte sie sich an den Kamin, ihr Stiefvater saß im Sessel und las, und oft spielte ihre Mutter in einem anderen Zimmer Klavier; Marie liebte es, den gedämpften Tönen zu lauschen, die aus dem ersten Stock klangen. Sie rührte sich nicht. Sie betrachtete die kleine Estrade gegenüber, wo in der Mitte ein Lehnstuhl stand, den sie im stillen den ‹ägyptischen Thron› nannte. Nie setzte sich damals jemand darauf ... Er war mit nachtblauem Samt bezogen, und die Lehne aus vergoldetem Holz bildete oben ein großes Dreieck, in das eine Sonne geschnitzt war und zwei Zirkel, die wie zwei ineinander verschlungene große V aussahen. Später hatte sie gehört, daß es ein Freimaurerstuhl war. Links daneben reckte ein ausgestopfter Pfau mit gespreizten Schwanzfedern den Kopf in die

Höhe, als lausche er auf ein fernes Geräusch. Auf der anderen Seite stand als Gegenstück zu dem Pfau ein merkwürdiges Tier, das Marie entzückte, ein Wiesel wahrscheinlich; es schien mitten im Lauf erstarrt, die kleinen Fänge um einen Zweig gekrallt; nur seinen Glasaugen gab das Spiel des Lichts einen lebendigen Ausdruck. Nie wäre Marie auf den Gedanken gekommen, sich in den nachtblauen Lehnstuhl zu setzen oder diese Tiere zu streicheln, aber ihre Phantasie nahmen sie um so mehr gefangen. Zuweilen machte sie während des Tages die Tür des ‹seltsamen Zimmers› einen Spalt weit auf und sog einen Augenblick seinen eigentümlichen Geruch ein – ein Geruch wie von etwas Totem, fand sie jetzt; vielleicht kam das von den ausgestopften Tieren. Eine Hand auf der Klinke, spähte sie in das stille, dämmrige Zimmer; es glich einem Aquarium, in dem der Schatten der Weide und die Sonnenstrahlen, die durch ihr Laub fielen, leise schwankten. Wenn sie wegging, war ihr, als hätte sie auf der Schwelle von Ritter Blaubarts verbotener Kammer gestanden.

«Soll ich dir nun noch das letzte Datum der Revolutionstage sagen?»

Constance fiel wieder in ihren artigen Schulmädchenton:

«Am 5. Oktober 1789 zogen die Pariser nach Versailles. Sie drangen mit Gewalt in das Schloß ein und entführten den König, die Königin und den Dauphin, denn sie dachten, wenn der König in Paris wäre, würde das Brot nicht knapp ... Ist das richtig? Oder nicht? Das sitzt nun wirklich ... Ich könnte zehn

Punkte bekommen, mindestens acht, wenn sie schlecht gelaunt ist ... Bist du mit mir zufrieden?»

«Ja, ich bin mit dir zufrieden.»

«Hast du mich lieb?»

«Ich hab dich lieb.»

«Ich möchte, daß du zum Abendessen Freunde einlädst, ich könnte dann den Whisky einschenken, und ich würde mein blaues Kleid anziehen ... Heute ist Mittwoch, morgen hab ich keine Schule ... Darf ich?»

«Wenn ich jemanden einlade, darfst du es ...»

«Ich hab dich ja so lieb ... Oh, da spielen sie deinen Brassens, hör!»

Wie soll ich wissen, wie ich mit zehn Jahren war? Weniger fröhlich als sie, ein scheues Kind ... Sie blüht auf, wenn jemand sie ansieht ... Aber alle Erinnerungen sind trügerisch. Wir gleichen alle dem Filmmann, der Tausende von Metern gedreht hat und sich dann in den Montageraum einschließt und seinen Film baut ... Auch wir machen Schnitte, Nahaufnahmen ... Marie hat das Gefühl, daß die Gegenwart für sich allein nichts ist, nichts als ein Punkt, an dem die Zukunft vorüberzieht, um Vergangenheit zu werden; ein Kontroll-Lämpchen leuchtet auf, die Maschine registriert ... Was wäre der Mensch ohne Erinnerung? Eine Maschine, die Wahrnehmungen registriert, weiter nichts ... Schreiben, um dem Vergessen zu wehren ... Und wenn die geschriebenen Worte verlöschten und nur das letzte übrigbliebe, bis es schließlich auch sein Leben aushauchte, eine Blume, die man verdorren läßt, die abstirbt ...? Zuweilen meint Marie, daß die Gegenwart alles umfaßt, was war, ist und sein wird ...

In solchen Augenblicken fühlt sie sich stark, fast unbesiegbar, aber sie dauern nicht, diese Augenblicke, sie verflüchtigen sich, lösen sich auf; sie versucht sich an einzelne Fragmente zu klammern, doch allzu bald überkommt sie wieder das Gefühl der inneren Leere vor einer Gegenwart, die abermals nicht mehr als ein Punkt ist ... Und so spinnt und webt Marie ihr Leben Tag für Tag, Stunde um Stunde ... Und wenn ich mich in der Stunde des Todes noch einmal zurückwende, denkt sie, werde ich dann in einem Augenblick klaren Bewußtseins die Spur erkennen, die ich gezogen habe?

Gestern, als sie Besorgungen machte, wurde ihr Blick unversehens von einem Giacometti festgehalten. Er war im Schaufenster einer Kunstgalerie ausgestellt. Sie ging die Straße entlang, ohne an etwas Besonderes zu denken, da fiel ihr diese Zeichnung auf, und sie blieb ergriffen stehen ... Es war das Bildnis eines Mannes, mit feinen grauen, ziemlich blassen Bleistiftstrichen gezeichnet. Lang, ungeheuer lang und schmal ragte er von der Erde auf und schritt dahin. Ein verwundbarer Mensch, und doch konnte man sich nicht vorstellen, daß er auf seinem Weg stehenbliebe. Einen Augenblick lang hätte Marie alles darum gegeben, das Bild mit nach Hause zu nehmen, um es immer wieder wie einen Schatz zu betrachten. Sie sah es auf ihrem Arbeitstisch stehen, an die Wand gelehnt ... Jedesmal, wenn sie aufblickte, wäre er da, und sie spräche zu ihm ... Für sie würde er seinen Gang ändern; statt mit seinen langen, einsamen Schritten vorüberzugehen, würde er sich ihr zuwenden. Nie würden sie einander erreichen, doch das war nicht das Entscheidende ...

Sie gingen aufeinander zu, das war es. Welche Schönheit in dieser einsamen Gestalt, die sichtbar machte, wie leicht und wie schwer zugleich das Dasein des Menschen auf der Erde wiegt ...

«Woran denkst du bloß, wenn du so ein Gesicht machst wie jetzt?»

«Ich dachte an eine Zeichnung.»

«Das glaub ich dir nicht.»

«Ich schwöre es dir ... Ich habe sie gestern gesehen ...»

«Von wem?»

«Von Giacometti.»

«Ich liebe Matisse.»

«Man kann sie beide lieben.»

«Giacometti kenne ich nicht.»

«Ich werde dir Abbildungen in einem Buch zeigen.»

«Sprich doch mit mir ... Soll ich das Radio ausmachen?»

«Gut, sag mir ganz schnell, was dir eben gerade durch den Kopf geht, ohne zu überlegen ... los ...»

«Ich möchte gern, daß es schneit. In den Ferien war es herrlich in den Bergen. Weißt du, die Jungens warfen immer Schneebälle an mein Fenster ... Ich versteckte mich, sie konnten mich nicht sehen, aber ich sie wohl ... Schließlich ließ ich mich blicken, da warfen sie noch mehr Schneebälle herauf und riefen: ‹Constance! Constance!› Ich lächelte ihnen zu, ich machte das Fenster auf und ging auf den Balkon, und da warfen sie alle ihre Schneebälle nach mir ... Haben sie dich auch mit Schneebällen beworfen, als du so alt warst wie ich?»

«Ja . . . Du ist aber kokett!»

«Ja . . . natürlich . . . Das ist doch nicht schlimm . . . Weißt du, ich habe gemerkt, daß die Jungens im Grunde kokette Mädchen gern mögen . . . Sie wollen es nur nicht zugeben, aber sie mögen sie gern . . . Wenn es nur heute nicht Ochsenzunge in der Schulkantine gibt . . . Das ist das einzige, was ich nicht essen kann, das bringe ich einfach nicht runter, mir wird ganz übel davon . . .»

Constance zieht ihren Mantel an, greift in die Tasche und sieht nach, ob ihre Autobus-Fahrscheine und die Gutscheine für den Schulimbiß darin sind, und nimmt ihre Schulmappe.

«Bringst du mich an die Tür?»

Constance und Marie umarmen sich zum Abschied. Wie fast jeden Morgen ist der weißhaarige Herr aus dem fünften Stock gerade auf der Treppe. Das Kind rennt los, stößt ihn an und springt an ihm vorbei. Er hebt den Kopf, sieht Marie an, bleibt einen Augenblick stehen und sagt mit etwas trübseliger Miene, das sei für ihn das Alter: auf der Treppe von der eiligen Jugend überholt zu werden. Dann steigt er weiter hinunter, die Hand auf dem Geländer.

Auf der Straße, schon weit weg, galoppiert Constance zum Autobus.

III

«Gehst du heute abend nicht aus? Bleibst du zu Hause?»

«Ich bleibe bei dir.»

«Ich hab es nicht gern, wenn du abends ausgehst ... Das ist die einzige Zeit, wo ich möchte, daß du da bist ... Tagsüber ist es mir einerlei ... Wenn du tot wärst, könnte ich für alles sorgen und den Haushalt führen, die Ausgaben aufschreiben, die Rechnungen bezahlen und trotzdem zur Schule gehen, aber abends, da möchte ich, daß du hier bist ...»

Marie dreht die Lampe zum Bett, klopft noch einmal die Kissen zurecht und holt ein Glas Wasser. Constance wäscht sich die Nasenspitze und frisiert sich sorgfältig.

«Was ist das für eine Platte, die du aufgelegt hast?»

«Ein Quintett von Mozart.»

«Ich finde es schön, aber Klavier höre ich lieber . . Die Geigen, das macht mich nervös, das geht mir durch und durch ...»

Constance setzt sich auf ihr Bett, zieht den Wecker auf und wendet die beiden kleinen Fotografien, die sie immer in ihrer Nähe haben muß, zu sich her, damit sie sie ansehen, wenn sie schläft. Dann streckt sie sich aus.

«Nun mummel mich ganz fest ein», bittet sie.

Sie schmiegt den Kopf ins Kissen und steckt die Arme unter die Decke.

«Ich bin soweit», sagt sie ... «Hörst du? Jetzt ist die Musik sanfter; so geht sie mir nicht auf die Nerven.»

«Das ist ja auch das Adagio.»

«Ja, Adagios mag ich lieber. Wenn es sanft klingt, ist das ein Adagio?»

«Nicht gerade sanft, aber langsamer, oft ruhiger, mehr getragen. Sollen wir *‹Der alte Mann und das Meer›* weiterlesen, oder wollen wir etwas anderes lesen?»

«Nein, den alten Mann ... Komm, setz dich zu mir aufs Bett ... Weißt du noch, wir haben da aufgehört, wo der Haifisch ...»

Marie hat den Plattenspieler leiser gestellt.

«... Es war ein sehr großer Makohai, der so schnell schwimmen konnte wie der schnellste Fisch im Meer, und alles an ihm war prachtvoll bis auf seinen Rachen ... Als der alte Mann ihn kommen sah, wußte er, daß dies ein Hai war, der überhaupt keine Furcht kannte und genau das tun würde, was ihm paßte ...»

«Schade, ich hab noch nie einen Hai gesehen», unterbrach Constance sie und zog die Beine an. «Ich möchte so gern mal einen sehen ...»

Marie las weiter:

«... Der Hai näherte sich schnell von achtern, und als er den Fisch anfiel, nahm der alte Mann das Aufsperren seines Rachens wahr und seine seltsamen Augen . . .»

Constance richtete sich ein wenig auf, um die Illustrationen zu betrachten. Im Vordergrund sieht sie die Flosse des Hais, die den Wasserspiegel in Richtung auf das kleine Segelboot und den toten Schwertfisch aufpflügt. Das Bild scheint sie zu packen.

«Lies weiter!»

«. . . und das knackende Zuschnappen der Zähne, als er gerade oberhalb des Schwanzes in das Fleisch vorstieß. Der Kopf des Hais war über Wasser, und sein Rücken kam heraus, und der alte Mann konnte das Geräusch hören, wie Haut und Fleisch des großen Fisches zerrissen, als er die Harpune in den Kopf des Hais an einer Stelle einrammte, wo die Linie zwischen den Augen mit der Linie, die senkrecht von seiner Nase zurücklief, sich kreuzte . . .»

Das Kind hat sich in seinem Bett so klein wie möglich gemacht. Zu einer Kugel zusammengerollt, hört es begierig zu. Marie liest weiter. Als der Hai stirbt, gibt Constance ein leises Brummen von sich und streckt die Beine wieder aus. Ihre Aufmerksamkeit scheint nachzulassen. Marie hält einen Augenblick inne.

«Nein, nein, lies nur weiter.»

«. . . Die Brise war jetzt frisch, und er kam gut voran. Er beobachtete nur den vorderen Teil des Fisches, und ein gut Teil seiner Hoffnung kehrte zurück. Es ist dumm, nicht zu hoffen, dachte er. Außerdem, glaube ich, ist es eine Sünde. Denk nicht an Sünde, dachte er. Du hast jetzt genug Probleme ohne Sünde . . .»

Während Marie vorliest, schaut sie immer wieder Constance an.

«Wie machst du das nur? Ich merke genau, daß du mich ansiehst ... Kannst du das ganze Buch auswendig?»

«Nein, ich überfliege mit einem Blick, was da steht, und dann habe ich Zeit, dich anzusehen.»

«Ich brauche viel mehr Zeit zum Lesen», seufzt Constance.

Manchmal schließt sie die Augen, öffnet sie aber gleich wieder und läßt den Blick auf dem Fußende ruhen; nach ein paar Sekunden fallen ihr die Augen wieder zu. Mit betonter Munterkeit sagt sie:

«Ich höre doch ... Ich mache die Augen nur zu, weil es so hell ist.»

Marie liest noch drei oder vier Seiten vor, dann hört sie auf. Constance rührt sich nicht. Ihre Augen bleiben geschlossen. Das Quintett ist zu Ende, die Platte dreht sich noch. Das Kind atmet lautlos, und die Mutter sitzt still da und betrachtet es. Der Anfang der Nacht und der Anfang des Tages, das sind die Stunden, in denen sie am freiesten ist, wo sie nach ihrem Rhythmus leben und sich ihren Gedanken überlassen kann. Wenn Constance eingeschlafen ist, überkommt sie manchmal ein unbezwingliches Verlangen hinauszulaufen. Dann wirft sie den Mantel über und geht, behutsam die Tür hinter sich zuziehend. Sie eilt hinunter an die Seine und geht am Wasser entlang, anfangs mit schnellen Schritten und wie blind, ohne etwas zu sehen, ohne um sich zu blicken, doch in ihrem Innern trägt sie das vertraute Bild all der Stellen, an denen sie vorüberkommt. Sie raucht oder singt eine Melodie vor sich hin, die ihr nicht aus dem Kopf will. Sie sucht sich zu ermüden, als wäre ihr Körper ihr zu stark. Nach einer

Stunde geht sie den boulevard Saint-Michel wieder hinauf, innerlich ruhiger, mit müden Gliedern, zum Schlafen bereit.

Heute abend wird Marie die Wohnung nicht verlassen, sie hat es Constance versprochen. Lange kann sie das Kind anschauen, ohne sich je an ihm satt zu sehen. Es in ihrem Schoß getragen und zur Welt gebracht zu haben, es aufwachsen und leben zu sehen, ist ihr ein unerschöpflicher Quell des Staunens, ein Wunder, das ihr nie zur Gewohnheit wird. Constances Wangen sind geröteter als sonst. Marie streicht ihr ein paar Haarsträhnen aus dem Gesicht und befühlt die heiße Stirn. Sie muß etwas Fieber haben, 38 oder 38,5, aber in drei Tagen wird sie wieder gesund sein. Ganz allmählich erschlafft der Blick, der auf dem Kind ruht, er verschwimmt, verliert sich und taucht nun, von Schwindel erfaßt, in die Schwärze hinter den geschlossenen Lidern. Und die Bilder fangen an, sich im Kreis zu drehen, erst langsam, dann schneller und schneller. Wie heimtückisch einem die Stille manchmal auflauert ... Das Zimmer löst sich auf, Constances Gesicht schwindet, während der Geist in Bereiche entflieht, die ihm noch verwehrt sind: eine schwarze Wüste, ein Tunnel mit dem Himmel als Gewölbe und der Erde als Boden, ein Tunnel, der sich wie eine Falle verengt. Man darf nicht zurückweichen noch stehenbleiben, man muß den Atem anhalten, den Körper straffen, damit er nicht zerrinnt, und immer tiefer eindringen ... Wie viele Minuten mag der Zeiger der Standuhr während dieses endlosen Untertauchens weitergegangen sein? Ist es ein Pferdegalopp oder das Pochen eines Herzens, dieses dumpfe, rhythmische Geräusch, das in ihrem Kopf immer lauter dröhnt, das nicht aufhört und sich einnistet, bis es sie zwingt, die Augen zu öffnen? Sie findet sich auf dem Bett, fühlt ihren Körper wieder, ihre Hände liegen auf der Steppdecke, ihr Kopf lehnt an der Wand. In dem Gesicht des Kindes hat sich nichts bewegt. Auf der Erde ist alles gut. Es ist nur die Nadel, die noch leise summt. Sie muß den Tonarm von der Platte abheben, präzise Bewegungen machen und behutsam wieder Fuß fassen, zu den Dingen zurückkehren, damit sie ihr helfen, sie muß präzise handeln, so wie man den Laufsteg eines Schiffes herunterläßt, und geschmeidig sein, sich fügen.

Marie steht auf und stellt den Plattenspieler ab. Sie sieht nach dem Fenster; die Vorhänge sind noch nicht zugezogen; sie fühlt sich nackt, fremden Blicken ausgesetzt. Sie schaut auf die stille Straße hinunter: die Pariser sind noch nicht heimgekehrt von ihrem Wochenende. Sie blickt auf, und da entdeckt sie den Mond – den Mond, der sie seit einiger Zeit aufreizt und unruhig macht. Sie sieht ihn nicht mehr mit denselben Augen wie früher ... Ihr ist, als wäre der Mond in das andere Lager übergelaufen ... Der Mond ist das neue Opium für das Volk, denkt sie ... Du bist nur noch ein Objekt; so wie es die ‹Frau als Objekt› gibt, haben wir nun den ‹Mond als Objekt›, leer, eisig; man schießt zu ihm hinauf, was man will, man bedient sich seiner, so gut man es versteht, und dem Stärksten wird er zufallen ... Bleiben noch die Sterne ... Aber vor zwei Tagen hat man auch die Venus angetastet, und vielleicht wird es eines Tages keine jungfräulichen Gestirne mehr geben ... Wie soll man es anfangen, daß Intelligenz und Vernunft in

Einklang kommen ...? Das ist eine der möglichen Höllen ...

Marie blickt unverwandt zum Mond, und wenn die Wolken ihn einen Augenblick verhüllen, ist ihr, als verlöre sie jemanden aus den Augen, der einmal ihr Freund war. Es ist erst Anfang März, aber schon streift der Frühling durch die Nacht. Marie öffnet das Fenster einen Spalt breit und kauert sich auf den Fußboden ... Zu allen Zeiten haben die Menschen zum Mond aufgeschaut, sie haben in seinem Schein nachgedacht, gesprochen, studiert, geschrieben, gelacht, umarmt, geliebt, geweint, gemordet, geschlafen, denkt sie, und ich wie die anderen auch; aber wir sind die ersten, die wissen, daß er nicht unerreichbar ist ... Sie stellt sich den ersten Menschen vor, der den Fuß auf den Mond setzen wird ... Er wird den Traum der Poeten verwirklichen, aber er wird der Fahnenträger der Militärs sein ... Ja, der Mensch, in die Enge getrieben zwischen der Gesellschaft und seinem einsamen Traum, macht es wie die Ratte ... Reich an Erinnerungen wird er auf dem Mond landen, Erinnerungen an das Antlitz einer Frau, das Lachen eines Kindes, an Melodien, die seinem Herzen lieb sind, an den Anblick von Bäumen im Wind, von Wellen, die zärtlich über den Strand schäumen, von Schiffen mit weißen Segeln ... Wenn ich doch Vertrauen haben könnte ... Ich würde brüllen vor Stolz, wenn ich den Zielen trauen könnte ... Führt denn aller Fortschritt durch diesen Zwiespalt? Ist es eine Utopie, zu glauben, der Mensch könne dem Leben dienen, ohne dem Tod in die Hände zu arbeiten, er könne der Wissenschaft dienen, ohne damit auch den Krieg vorzubereiten ... Es gibt Augenblicke, da wünschte man, dieser ewige Widerstreit hörte auf, denkt Marie. Wie Irrsinn weht es einen an ... Der Mond hat seine Unschuld verloren und ist dennoch schön, das ist wahr, und noch immer trägt er Träume durch die Nacht, vorausgesetzt, daß man ihm fern bleibt ... So ist es fast mit allem, nur in der Liebe nicht. Das unterscheidet sie von ihm – daß man anrührt, nahe ist, und es bleibt schön ... Hat der Mond nur die Schönheit, die wir ihm verleihen? Wie trostlos die ersten Fotos ... Armseliger Bimsstein, ein alter, zusammengeschrumpfter Schwamm, Überreste einer in Weißglut eingeäscherten Stadt, eine Landschaft des Todes, aber sauber und steril, ohne Aasvögel, ohne Gestank ... Ich werde ganz bestimmt nicht auf dem Mond sterben ...

Marie erinnert sich: es war am 8. Juni 1965, das ist noch nicht lange her, kaum ein paar Monate ... Die Amerikaner hatten Gemini IV abgeschossen, und abends im Fernsehen sah man einen der beiden Piloten aus der Kapsel steigen. White hieß der Mann. Wir sahen ihn im Weltall schweben, mit dem Raumschiff verbunden wie das Neugeborene mit der Mutter. Der Mensch und Gemini IV sausten mit 28 000 Kilometer Geschwindigkeit durch die Nacht und schienen sich nicht von der Stelle zu bewegen. White verlor seinen Handschuh ... Der Handschuh entfernte sich nicht von ihm, er kreiste mit, war zum Satelliten geworden ... Sie hatte an den Tod gedacht ... Wenn das Band, das den Raumfahrer festhielt, risse, würde White nicht herabstürzen, er flöge weiter wie sein Handschuh ... Der Tod wäre ihm sicher, aber scheinbar würde sich nichts ändern, er zöge weiter seine

Kreisbahn, der Demütigung des Sarges und des Friedhofs entrückt, er würde um die Erde tanzen, bis er in Staub zerfiele und in unsichtbaren Teilchen herabsänke ... Marie hatte sich ein Liebespaar vorgestellt, das in den Tod geht, indem es mit einem Raumschiff aufbricht und sich dann umschlungen ins All stürzt ... Sie würden tanzen, bis sie nur mehr ein Aschenregen wären ... Die Worte des Evangeliums ... Seltsam, wie der Traum des Ikarus immer wiederkehrt – der Erde entfliehen, sich zu den Vögeln aufschwingen, den Himmel erforschen ... Und auch der alte Gedanke, sich das Leben zu nehmen ... Als könnte man, indem man den Augenblick des Todes und die Todesart wählt, dem Tode entrinnen, oder als gäbe es wenigstens das Gefühl, man sei frei, dem Gegner ebenbürtig und begegnete dem Tode wie seinesgleichen, so wie das wilde Tier, wenn es verwundet ist, sich dem Menschen stellt, der es zur Strecke bringen will ...

Marie schaute auf, der Mond war hinter den Dächern verschwunden, der Himmel nur noch Nacht ... Ich habe einmal einen kleinen Jungen geliebt, der mir den Mond schenken wollte ... Ich sehe ihn noch vor mir; er holte den Besen hinter der Küchentür und kletterte auf den Balkon, von dem man aufs Meer sah, zu seinen Füßen die Zitronenbäume, er überragte ihre höchsten Zweige. Er war erst drei Jahre alt, und der Besen war zu schwer für ihn, doch er hielt ihn mit ausgestrecktem Arm in die Höhe und zeigte, auf den Zehenspitzen stehend, zum Himmel hinauf. «Heute kann ich nicht drankommen», sagte er, «aber eines Tages fange ich ihn und schenke ihn dir.» Der kleine Junge ist ein Forscher geworden und versucht nun, mit

Hilfe eines Mikroskops seinem Traum nahe zu kommen – nicht dem Mond, sondern der Zelle ... Er hat recht ...

Constance bewegte sich in ihrem Bett. Marie drehte sich um, das Kind sah sie an.

«Was machst du da?» fragte es.

«Ich habe mir den Mond angeschaut ...»

Marie wußte nicht, wieviel Zeit inzwischen vergangen war. Sie trat zu Constance und nahm sie in die Arme.

«Es ist jetzt Schlafenszeit», sagte sie.

«Nicht wenn man Fieber hat ... Wollen wir uns was erzählen, bis ich schläfrig werde?»

«Magst du den Mond gern?»

«Nein, der Mond interessiert mich nicht besonders, aber die Jungen interessiert er sehr. Ich mag die Sonne lieber.»

«Möchtest du zum Mond reisen?»

«Nein, ich werde meine Hochzeitsreise nach Venedig machen.»

«Schön, aber du wirst ja nicht nur auf Hochzeitsreise gehen, du wirst auch noch viele andere Reisen machen.»

«Ja, aber meine schönste Reise wird meine Hochzeitsreise sein, darum denke ich daran zuerst.»

«Und wie denkst du dir Venedig?»

«Das ist eine Stadt, wo es Boote gibt statt Autos.»

«Und weiter nichts?»

«Ich weiß nicht, ich bin ja noch nie dagewesen.»

«Aber wie stellst du es dir vor?»

«Ich stelle mir vor, daß man da Boote statt Autos hat und daß man überall baden kann ... Wenn man zu seinen Freunden will, kann man hinschwimmen oder fährt im Boot ... Das ist lustiger als mit dem Autobus ...»

«Weißt du, das Wasser ist sehr schmutzig. Man kann in den Kanälen nicht baden, und man kann auch nicht im Badeanzug hineinspringen.»

«Das weiß ich, daß man in einer Stadt nicht im Badeanzug herumläuft, aber ich glaube, es gibt auch Kanäle, in denen man baden kann.»

«Nein, glaub mir, die gibt es nicht.»

«Ich weiß nicht, ich hab's ja nicht gesehen.»

«Nein, darum sage ich es dir ja.»

«Ja, zu deiner Zeit mag es so gewesen sein, aber wenn ich hinfahre, ist es vielleicht anders ... Warum siehst du mich so an?»

«Nur so, einfach nur so ...»

«Man sieht nicht schön aus, wenn man Grippe hat, nicht?»

«Heute abend bist du schön, aber morgen wirst du müde aussehen.»

«Wirklich, findest du mich jetzt schön?»

«Ja, weil du Fieber hast, das gibt dir etwas mehr Farbe.»

«Und morgen bin ich nicht mehr schön?»

«Morgen siehst du wahrscheinlich etwas mitgenommen aus, mehr als heute.»

«Dann möchte ich am liebsten, daß mein Fieber nicht sinkt ...»

Constance zog die Hand unter der Decke hervor und streckte sie nach der Mutter aus, die gerade nicht hinschaute. Sie klopfte mit den Fingern aufs Bett, um sie aufmerksam zu machen. Schon wollte sie die

Hand zurückziehen, als Marie sie ergriff und streichelte.

«Bleib noch bei mir, sag was!»

«Du mußt jetzt schlafen.»

«Sag, Havanna, ist das da, wo Fidel Castro ist? Und Hemingway, der ist Amerikaner, sie sind also Feinde ... Ist er der alte Mann?»

«Nein, das ist nicht er. Ich werde dich eines Tages nach Havanna mitnehmen, dann machen wir eine große Angeltour. Hemingway und Castro haben zusammen geangelt, ich glaube, sie mochten sich gern ... Hemingway ist inzwischen gestorben ... Der alte Mann ist nicht er selber, das ist ein kubanischer Fischer.»

«Und der kleine Junge, ist der auch Kubaner?»

«Ja ... Weißt du es nicht mehr? Ich habe es dir doch vorgelesen. Er ist der Freund des Alten.»

«Ich finde es schön, Fieber zu haben ... Ist es schon mitten in der Nacht?»

«Nein, es ist halb elf.»

«Weißt du, wenn ich groß bin, gehe ich immer ganz spät zu Bett.»

Sie hat fast ebenso viele heimliche Gedanken wie ich, dachte Marie. Wir treiben wie Eisberge dahin, und was wir miteinander reden, ist das, was herausragt, das Wichtigste ist unter Wasser ... Das hat sie schon begriffen.

«Soll ich dir noch ein bißchen vorlesen? Aber danach mußt du schlafen, versprichst du es mir?»

«Ja, aber ich möchte, daß du die Platte von vorhin wieder auflegst, da wo die Musik so sanft ist ... ich weiß nicht mehr, wie das heißt.»

«Ein Adagio.»

Marie las wieder vor, weit vor der Stelle, wo sie aufgehört hatte. Constance merkte es nicht. In zehn Minuten wird sie wieder eingeschlafen sein, sagte sich Marie.

IV

Zum erstenmal hatte Constance sie eines Morgens auf dem Hügel gesehen. Die Alte sammelte Reisig und sang dabei. Ihr Hund lag quer über dem Weg in der Sonne, den Kopf auf den Pfoten, und sah seiner Herrin zu, wie sie hin und her ging.

Constance kam den Weg entlang, und auch sie trällerte vor sich hin. Etwas oberhalb des Hauses war sie von der Chaussee auf diese alte Landstraße abgebogen, die über die Berge führte und außer von Spaziergängern nur noch von Einheimischen benutzt wurde, die jenseits des Hügels einen Weinberg besaßen. Oft begegnete man Holzfällern, und im Herbst versammelten sich hier die Jäger. Constance führte ihr junges Hündchen an der Leine. Es war der erste Ferientag; seit September war sie nicht mehr hier gewesen. Sie sprach leise und ernsthaft mit Médor, zeigte ihm den Wald, streichelte und zauste ihn abwechselnd und machte ihre Autorität geltend, indem sie die Stimme erhob. Dann kuschte das Hündchen, kroch ruckweis auf dem Bauch zu ihr hin, blickte flehend zu ihr auf und gab Pfötchen, bis sie wieder sanftere Töne anschlug und ihn in den Arm nahm. «Ich verzeihe dir», sagte sie, und das Spiel begann wieder von vorn.

Der Weg stieg an. Constance wußte, daß sie bald, wenn er ein wenig nach links führte, das Haus im Tal sah und beobachten konnte, was dort vorging; vielleicht sah sie ihre Mutter herauskommen und wüßte dann, ob sie im Garten arbeitete oder sich unter der Schirmpinie in die Sonne legte.

Im vergangenen Jahr, gegen Ende der Sommerferien, hatte Constance angefangen, allein herumzustreifen. Durch den Wald zu gehen, die eigenen Schritte zu hören, eine kleine Schlange dahingleiten zu sehen, von einer Wespe oder einer Biene verfolgt zu werden, all das ängstigte sie ein wenig, aber welch eine Genugtuung, allein loszuziehen, zu gehen, wohin man wollte, und vor allem, wenn man nach Hause kam, zu sagen: «Ich bin ganz weit weg gewesen, es war herrlich!» Der Weg, den sie sich für heute morgen vorgenommen hatte, war ihr Lieblingsspaziergang, weil sie unterwegs das Haus sah: dann fühlte sie sich unabhängig, wie es ihr gefiel, aber nicht verlassen, denn davor hatte sie Angst.

Bevor sie die Frau entdeckte, sah sie den großen schwarz-weißen Hund und zögerte einen Augenblick; sie fürchtete, daß die beiden Hunde sich in die Haare gerieten, oder vielmehr, daß der andere ihr Hündchen angriff. Leise pfiff sie, schnalzte mit der Zunge; der Hund sah sie an, wedelte mit dem Schwanz und erhob sich langsam, als tue er es unwillig. Er hat Rheuma, wahrscheinlich ist er sehr alt, sagte sie sich beruhigt. Der Hund trottete auf sie zu.

«Still, Tahiti!»

Die alte Frau richtete sich auf und sah Constance an und dann die Hunde, die sich beschnupperten.

«Ist dein Hund ein Männchen?»

«Noch nicht ganz», antwortete sie, «er macht noch Pipi, ohne das Bein zu heben.»

«Um so besser, sonst könnte meiner ungemütlich werden! Er knurrt nur, er ist nicht böse . . . Wohnst du hier in der Nähe?»

Constance zeigte ihr das Haus, und die Alte sagte:

«Ah ja, ich sehe.»

Sie musterte das Kind von oben bis unten und lächelte schließlich.

«Sieh an, ein Prinzeßchen!»

Dann unterhielten sie sich über die Hunde. Tahiti war zehn Jahre alt, ein Findling; vermutlich hatte ein Jäger ihn ausgesetzt oder verloren, denn er gehorchte nicht, aber auf die Jagd verstand er sich, man brauchte ihn nie zu füttern. Außer den kleinen Tieren, die er erlegte, fraß er gern altbackenes Brot, ganze Stangen Weißbrot zernagte er geduldig wie einen Knochen. Sonst fraß er nichts, nicht einmal Zucker, davon bekam er Zahnschmerzen.

Constance hörte ihr zu, streichelte den Hund und beschwichtigte Médor, der eifersüchtig wurde und winselte. Staunend betrachtete sie die Alte. Sie fand sie phantastisch, nie war ihr etwas Ähnliches begegnet. Sie trug eine sehr weite Hose und einen blaßlila Pullover und bestimmt keinen Büstenhalter, sagte sich Constance. Es war eine robuste, sehr runzlige Frau mit einer dichten Pfeffer-und-Salz-Mähne, aber es wunderte Constance, daß sie wie ein Mann angezogen war und sich trotzdem die Augen zurechtgemacht und die Lippen mit einem grellen Rot geschminkt hatte. Komisch, sich morgens die Augen anzumalen, besonders auf dem Lande. Sie ist uralt, sogar Mama würde sie alt finden ... Wie über alles hatte Constance auch darüber ganz entschiedene Ansichten: alte Frauen dürfen sich nicht schminken, das wirkt lächerlich.

Constance hatte noch keine Lust, nach Hause zu gehen. Sie sammelte Pinienzapfen und warf sie auf einen Haufen, dann hörte sie der Alten zu und plauderte mit ihr, verbreitete sich über die Erziehung Médors, erzählte von ihrem Leben, von Paris ...

Unten im Tal trat Marie aus dem Haus, setzte sich auf das Mäuerchen und ließ die Beine herunterhängen. Gestern abend erst, bei Dunkelheit, waren sie angekommen. Marie hatte mit dem Haus wieder Fühlung genommen und später mit dem Himmel – lange hatte sie ihn betrachtet, bevor sie zu Bett ging. Es war fast Vollmond, in der Stadt hatte sie es gar nicht bemerkt. Der Leuchtturm auf dem Kap ließ seinen regelmäßigen Strahl über einen Teil des Himmels und die Kuppen der Berge gleiten, doch bei Vollmond konnte man vergessen, daß er da war; dann wirkte sein Licht weniger lebhaft, verblaßte es vor dem prächtigen Mondschein, der sich in einer kalten, milchigen Bahn ausbreitete.

«Der Mond ist wunderschön», hatte Constance gesagt, «aber mir läuft es dabei immer ein bißchen kalt über den Rücken.»

«Man schaut ihn besser zu zweit an.»

Constance hatte verständnisinnig gelacht.

«Du meinst, mit einem Liebsten zusammen?»

Und sie hatte gezählt: noch fünf Jahre!

Vielleicht weniger, hatte Marie gedacht.

Sie streckte sich auf dem Mäuerchen aus; sie liebte es, wenn ihr die Sonne in die Augen schien. Das Wetter war unwahrscheinlich schön, zu schön, dachte sie, das ist kein gutes Zeichen, dann ziehen bald Wolken auf. Es war schon so warm, daß man hätte denken können, es sei Hochsommer, nur die Zikaden und das Grün des Grases fehlten ... Es ist das gleiche Licht wie in Nauplia, es war im selben Monat ... Ich erinnere mich noch an das Hotel auf der winzigen Insel und an den schönen Bogen des Strandes ... Das Luxushotel, jedes Zimmer eine Zelle mit Bad, und alles neu verputzt, ein gutes Bett, und das Fenster fast auf einer Höhe mit dem Meer ... Die Motorbarken warteten wie Pferdedroschken, jedem Gast zu Diensten ... Es war ein ehemaliges Gefängnis, man hatte es in einen Ort für Touristen verwandelt, und wahrhaftig, Festungen können schöne und angenehme Hotels sein, sofern man es fertigbringt, zu vergessen – oder nicht genug Phantasie hat, sich vorzustellen –, was diese Mauern an Leiden, Verzweiflung und Sterben gesehen haben ... Das jetzige Gefängnis war, welch absonderliches Raffinement, in einem großen rechteckigen Gebäude am Hang der Steilküste untergebracht, zweihundert Meter in der Luftlinie entfernt ... Wir hatten lange hinübergesehen ... Die Fenster, sämtliche Fenster blieben die Nacht über hell; gerade das war es, was unsere Aufmerksamkeit erregt hatte. Und am nächsten Morgen fragten wir den Verwalter ... Ja, sagte er, das ist das Gefängnis für politische Häftlinge, und es ist Vorschrift, daß das Licht dort nie ausgeschaltet wird ... Von da an war uns der Aufenthalt vergällt. Wir saßen beim Frühstück, da warf einer von uns beiden einen Blick nach dem Gefängnis hinüber, oh, nur einen einzigen Blick, doch der andere hatte verstanden, und alles war aus ... Eine Bittschrift für Gefangene zu unterschreiben, das ist leicht, vor allem in Frankreich, wo man damit nichts riskiert ... Aber das Gefängnis zu sehen und zu wissen, ein wenig nur, gar nicht viel, eher zu ahnen, was dort vor sich geht ... dieses Gefängnis vor der Nase zu haben, während man frühstückt oder in der Sonne liegt, das war nicht auszuhalten ... Zwischen den Gefangenen von gestern und denen von heute konnten wir nicht atmen. Und wir wollten glücklich sein, wir wollten Griechenland lieben ...

Eines Morgens waren sie nach Mykene hinaufgestiegen. Sie wollten zu Fuß gehen. Es war ein heißer Tag ohne Sonne, der Himmel lastete schwer mit schieferfarbenen Wolken. Sie wanderten, manchmal eingehakt, blieben stehen, ließen sich los, gingen weiter, schlugen den Band Aischylos aus der Sammlung Budé auf, den sie mitgenommen hatten, und lasen abwechselnd Stellen aus ‹*Agamemnon*› vor. Sie sahen den König auf dieser Straße in seinem Kampfwagen, und hinter ihm Kassandra, die er von Troja nach Hause mitführte ... Der Palast lag in Trümmern, aber nichts oder beinahe nichts hatte sich seither geändert, weder der Himmel noch die Berge, noch der Geruch der Luft ... Autos überholten sie oder kamen ihnen entgegen. Die lange Tirade Klytämnestras an ihren König, den sie wenige Minuten später erdolchen wird –

Keine fremde Not,
Mein eignes Elendsleben tu ich kund,
Mein Bangen um den Mann vor Ilion!
Schon dies ist für die Frau das schlimmste Los,
Wenn ohne Gatten sie im Hause sitzt . . .
Nun sind die Quellen meiner Tränenflut
Mir ganz versiegt, kein Tropfen blieb zurück.
Die überwachten Augen schmerzen mich,
Der tränenvolle Blick zum Fackellicht,
Das nie entflammte. Aus den Träumen hat
Mich zartes Schwirren einer Mücke oft
Geschreckt wie Donner; weit mehr sah ich Leid
Um dich, als gleiche Stunde bringen kann . . .

Marie öffnet halb die Augen und betrachtet den Hügel und den Himmel, über den gerade eine Caravelle zieht. Das ist mindestens zehn Jahre her, denkt sie. War Constance damals schon geboren? In meiner Erinnerung war es wie hier, aber der Berg war schroffer, wilder, es war eine jener griechischen Landschaften ohne Zärtlichkeit. Unmöglich, Mykene von dem Mord zu trennen, den Schreien, dem Gemurmel, während das Verbrechen vorbereitet wird. Wo war Elektra? Wie hat sie sich Orests bemächtigt, des kleinen Orest . . .? Als Marie die zerstörten Mauern berührte, fragte sie sich, ob wohl Elektra diese Steine gestreichelt hatte, oder ob sie erst später aufgerichtet worden waren . . . Das Löwentor jedenfalls hat sie gewiß gesehen, sie muß oft hindurchgeschritten sein . . .

Marie liegt regungslos da, mit dem Mäuerchen verschmolzen. Dort oben hört Constance noch immer der Alten zu. Sie wundert sich, daß ihre Mutter nicht zu sehen ist. Sie blickt nach dem leeren breiten Liegestuhl unter der Schirmpinie und dem Wagen, der unverändert in der prallen Sonne steht.

Sie schickt einen langgezogenen Ruf hinunter: «Huhu ... hu-hu-hu-hu-hu-hu-hu-hu ...»

Marie antwortet nicht gleich. Sie ist in Mykene, das ist über zehn Jahre her, und man kann sich dem Vergangenen nicht so gewaltsam entreißen, nicht ohne erst Atem zu holen. Sie braucht ein wenig Zeit, um zu sich zurückzufinden, zu der, die sie geworden ist; um ihr Herz schlagen zu hören, den Geschmack ihres Mundes zu spüren, um noch eine Sekunde mit geschlossenen Augen dazuliegen, ehe sie, mitten zwischen Himmel und Erde schwebend, ruft: «Hu-hu ... hu-hu-hu-hu ...»

Schon ruft das Kind zurück, die beiden Stimmen begegnen sich über den hohen Steineichen.

«Ich muß nach Hause», sagt Constance, «und außerdem hab ich ein bißchen Hunger.»

«Wir werden uns wiedersehen», sagt die Alte. «Ich heiße Lulu, und du?»

«Constance. Bis bald! Ich komme mal morgens oder nachmittags.»

«Nachmittags bin ich auf dem anderen Hügel, dort drüben, hinter eurem Haus ... Da scheint die Sonne länger, und in dieser Jahreszeit ist es abends noch kühl ... Das weißt du nur noch nicht ...»

Constance haßt es, wenn man ihr sagt, daß es Dinge gibt, die sie noch nicht weiß. Ein bißchen gekränkt und nachdenklich macht sie sich auf den Heimweg ... Wo mag sie wohnen, diese Frau? Ob sie wohl ein Bett hat, ein Zuhause ...?

Marie machte sich daran, die Lavendelstöcke, die man ihr gebracht hatte, einzupflanzen. Sie wollte ein ganzes Lavendelbeet vor dem Haus haben, seinen Duft schon morgens beim Aufwachen atmen. Sie liebte seine Farbe, dieses ungreifbare Blaugrau, so lichtempfindlich, wechselnd wie das Licht, bald Sanftheit, bald Drohung, je nach dem Himmel, und manchmal von der Sonne erdrückt, wie ausgelöscht, so daß man suchen und aufmerksam hinschauen mußte, um den blaßvioletten Schimmer und dieses ausgebleichte, vom Licht verzehrte Grau zu entdecken.

Jeden Tag werde ich zwanzig Stöcke einpflanzen, nahm Marie sich vor, dann habe ich's in zehn Tagen geschafft.

Freunde kamen vorbei, setzten sich für eine Weile, gingen weiter, andere kamen und blieben den Nachmittag über. Constance hatte ihre Mucken. Sie konnte es nicht ausstehen, wenn man sie nicht beachtete oder sie wie ein Kind behandelte. Wenige Menschen fanden Gnade vor ihren Augen, und ganz allgemein schätzte sie Männer mehr als Frauen. Wenn der Tag zu Ende ging und das Holzfeuer brannte, hockte sie sich an den Kamin, den Hund zu ihren Füßen, und las die *‹Astérix›*. Ab und zu prustete sie vor Lachen: «Bravo, Théoric, Pasdfric, Histéric und Périféric! Und nun auf in den Wald der Carnuten . . . Es lebe Coudetric, euer Häuptling!» Es machte ihr großen Spaß, manche Stellen laut zu lesen, auch wenn sehr ernste Freunde zu Besuch waren. Sie hörten zu, lachten laut auf oder sagten, das sei gar nicht schlecht, dieser Goscinny sei besser als die Spirou, er könne es mit den besten Tintin aufnehmen.

Constance war die politischen Diskussionen leid, besonders über de Gaulle und Mitterand, über die Linke und die Kommunisten. Vietnam – das berührte sie etwas, weil sie im Fernsehen schreckliche Bilder gesehen hatte, weinende Kinder und tödlich verletzte in in einem Lazarett. Besonders eines, ein Kind mit schrecklichen Brandwunden, das von einem amerikanischen Soldaten verbunden wurde, ging ihr nach. Nun verstand sie nichts mehr: «Du sagst, die Amerikaner bombardieren sie. Und dann? Sie verwunden sie, und dann pflegen sie sie? Und die Kommunisten, was tun die? Sind die gegen die Amerikaner?» Sie zeigte mit dem Finger auf den Bildschirm. «Aber der da, der wie ein Chinese aussieht, hält der es mit den Amerikanern oder mit den Kommunisten? Und die Vietcong, mit wem gehen die? So, mit den Kommunisten. Und Frankreich? Macht Frankreich in dem Krieg nicht mit? Nein? Ich versteh das alles nicht», wiederholte Constance, «aber ich möchte da unten nicht leben.»

Eines Tages kam Jean zu Besuch. Wie immer schneite er unerwartet herein, die Hände in den Taschen. Ihm zu Ehren stand Constance auf und legte ihr Buch weg. Als er ihr einen Kuß gab und sagte, sie sei aber hübsch geworden, warf sie ihrer Mutter einen glückstrahlenden Blick zu. Marie hatte ihn schon an der Art, wie er an die Tür klopfte, erkannt; ehe sie ihn gesehen hatte, wußte sie, daß er es war. Er begrüßte die drei anwesenden Freunde und kam erst dann zu ihr. Er hat schöne Augen, dachte sie und spürte im gleichen Moment, daß Constance ihrer beider Gesichter beobachtete. Offenbar wurde ihm das Schweigen bewußt, denn er sagte rasch:

«Ich möchte nicht die Unterhaltung unterbrechen, worüber habt ihr gerade gesprochen?»

«Über die Außenpolitik des Generals natürlich!» rief Constance. «Oh, jetzt, wo Sie da sind, sprechen sie hoffentlich nicht mehr von Politik.»

«Das ist schon sehr wichtig, weißt du . . .»

«Aber die Liebe zum Beispiel, die ist viel wichtiger», fiel sie ihm ins Wort. «Nicht wahr, Jean, sagen Sie es doch!»

«Manchmal trifft beides zusammen, beeinflußt eines das andere . . .»

Constance verlor die Partie. Nach zwei Minuten ging das Gespräch wieder über ihren kleinen Verstand.

Jetzt fängt es wieder an! dachte sie.

Sie blickte auf, schaute den an, der am lautesten sprach, folgte den Stimmen und sagte sich, daß das nie ein Ende nähme. Grollend versenkte sie sich wieder in das letzte *‹Astérix›* und schwor sich, weder bei den Vorbereitungen zum Abendessen noch beim Tischdecken zu helfen. Und wenn das Feuer ausgeht, ich lege nicht ein einziges Scheit auf, sollen sie sich doch selbst darum kümmern . . .

Nachdem die Freunde sich verabschiedet hatten, kam ihre Mutter zu ihr. Immer wieder mußte sie durch geschickte Manöver das Vertrauen des Kindes wiedererobern.

«Alle diese Gespräche scheinen dich ja mächtig zu interessieren. Das ist kein Vergnügen, kann ich dir sagen . . . Wenn du dich sähst, während du redest . . .»

«Ach, weißt du, das ist immer so, wenn man nicht

mitreden kann. Mich langweilen eure Kindergespräche auch manchmal.»

«Du hast ja noch nie welche gehört. Über die wirklich wichtigen Sachen reden wir nicht vor dir . . .!»

«Mag sein. Aber du mußt dich damit abfinden, daß die Erwachsenen sich über Dinge unterhalten, die dich nicht interessieren oder dir auf die Nerven gehen.»

«Nicht immer, manchmal interessieren sie mich auch. Einmal morgens hab ich mich mit einer uralten Dame unterhalten, das hat mich interessiert.»

«Und worüber hat sie mit dir gesprochen?»

«Über das Leben.»

«Und wo bist du ihr begegnet?»

«Auf dem Weg da oben. Weißt du noch, wie ich dich neulich gerufen habe? Da war ich mit ihr zusammen. Ich sagte zu ihr, ich würde dich rufen, nur so zum Spaß, dann würdest du mir gleich antworten, und so war es auch. Sie hat einen Hund, der heißt Tahiti. Er ist sehr alt, noch älter als sie. Sie ist arm, glaube ich, aber sie weiß sehr viel. Komisch sieht sie aus, sie schminkt sich noch.»

Am nächsten Tag war Constance schon vor der Alten auf dem Hügel. Sie legte sich auf ihre Jacke, wartete und schwatzte derweil mit Médor. Sie wollte nicht gern, daß ihre Mutter Lulu begegnete. Sie ahnte, daß die beiden Frauen sich nicht sehr schätzen würden. Da hörte sie Schritte.

«Ah, sieh an, da bist du ja schon.»

Die Alte setzte sich zu ihr und zündete sich eine Zigarette an. Sie sprach wenig. Von Zeit zu Zeit machte sie einen langen Zug und atmete den Rauch ein. Das war das einzige, was Constance noch nicht gelang; sie konnte zwar den Rauch durch die Nase ausblasen, sogar Ringe waren ihr schon geglückt, aber alle ihre heimlichen Versuche, Lungenzüge zu machen, waren gescheitert. Irgend etwas machte sie falsch. Unverwandt und ernsthaft beobachtete sie, wie die Frau es machte, und versuchte für sich, es nachzuahmen, doch es war ein kaum wahrnehmbarer Vorgang, und das Kind kam nicht dahinter, wo er sich eigentlich abspielte.

Als die Alte ihre Zigarette zu Ende geraucht hatte, steckte sie sich eine neue an.

«Zigarette?» fragte sie belustigt und hielt ihr die Packung hin.

Constance nahm sich ohne Zögern eine heraus und reckte den Hals, um sie an der Zigarette der Alten anzuzünden. Während sie sog, sah sie wie unter einer Lupe das rissige Rouge, den dichten Flaum um die trockenen Lippen und die schwarzen Punkte an der Nase, die wie zahllose kleine, von Sturzbächen ausgehöhlte Krater waren. Als sie aufblickte, sah sie in die Augen der Alten, die zwischen zwei schwarzen Strichen funkelten.

«Du kannst ja schon rauchen! Und deine Mutter, ist sie damit einverstanden?»

«Nicht so ganz, aber wissen Sie, sie ist eine kluge Frau, sie sagt, besser, ich tue es vor ihr, als wenn ich es heimlich tue, und da gebe ich ihr recht. Das gehört zu den Dingen, worin ich mit ihr einig bin. Und Sie, was halten Sie davon?»

Lulu gab keine Antwort.

Rauchend und ohne ein Wort zu sprechen, saßen sie über dem Tal. Die Hunde lagen in der Sonne und schnappten ab und zu nach einer Fliege. Ein paar Vögel flogen vorüber, und hoch oben, fast über dem Haus, kreiste ein Bussard; dunkel hob er sich gegen eine weiße Wolke ab, die von Westen heransegelte.

«Siehst du, so morgens in der Sonne zu sitzen und eine Zigarette zu rauchen, das ist manchmal das Glück ... Nur muß man an alles, was hinter einem liegt, ohne Bedauern zurückdenken können – und das ist schwer ... Aber für dich gilt das ja noch nicht ... Für dich ist nur wichtig, was du noch vor dir hast ... Das ist Jugend! Was willst du später einmal anfangen? Womit wirst du die Welt erobern?»

«Ich werde eine ganz große Tänzerin.»

«Na, dann mußt du dich aber tüchtig anstrengen. Kannst du schon tanzen?»

«Ja, und es sieht so aus, als wär ich sehr begabt. Ich übe auch Akrobatik und Spitzentanz.»

Constance stand auf, ließ sich mit gespreizten Beinen fallen und beugte den Kopf bis aufs Knie.

«Ich kann auch die Brücke machen, ohne mich mit den Händen aufzustützen. Ich hebe mit dem Mund eine Blume oder ein Taschentuch vom Boden und richte mich wieder auf!»

«Nicht schlecht», sagte die Alte, «aber das ist noch nicht tanzen. Das ist Akrobatik.»

«Spitzentanz kann ich Ihnen hier nicht vormachen; erstens hab ich meine Ballettschuhe nicht bei mir, und außerdem kann man auf der Erde nicht auf Zehenspitzen gehen.»

«Kannst du schon *entrechats*?»

«Noch nicht sehr gut. Mein Tanzlehrer sagt, die *battements* könnte man später lernen, und das käme dann ganz von selbst. Pirouetten mache ich gut, aber nicht hier, das ist wie mit dem Spitzentanz.»

«Mach mir mal ein bißchen deine *développés* vor.»

Das Kind ging in die zweite Position, machte die Arabeske und führte das Bein wieder nach vorn.

«Das ist hübsch!» rief Lulu. Sie steckte die Zigarette zwischen die Lippen und klatschte in die Hände: «Bravo, Constance!»

«Haben Sie auch getanzt, als Sie jung waren?»

«O ja, aber vor allem Theater gespielt.»

«Sie sind Schauspielerin gewesen? Eine große Schauspielerin?»

Dem Kind schlug das Herz schneller vor Bewunderung.

«Und gesungen habe ich auch. Ich habe große Tourneen mitgemacht. Man mußte alles können und jedes Klima vertragen ...»

«Erzählen Sie mir davon! Was haben Sie gespielt?»

«Ich war eine junge Erste. Was das ist, weißt du sicher nicht. Das sind nicht die Naiven, das sind die jugendlichen Liebhaberinnen ...»

«Ach so, ich verstehe. Das muß schön sein! Ich hab mal im *‹Arzt wider Willen›* mitgespielt. Ich war Lucinde ... Ist das eine junge Erste?»

«Nun, weißt du, deine Lucinde hat ja nicht gerade viel zu sprechen.»

«Natürlich nicht, sie ist ja auch stumm, weil ihr Vater will, daß sie Horace heiratet, und sie liebt doch den Léandre.»

Lulu schob ihren Pullover hoch und brachte ein ledernes Täschchen zum Vorschein, aus dem sie einige Fotografien nahm. Dabei sah Constance ein paar Geldscheine. Die Alte reichte dem Kind die Abzüge, einen nach dem anderen.

«1927! Das war mein großes Jahr!»

Constance sah eine reizende junge Frau mit Pagenfrisur und Stupsnase. Sie trug ein tiefgegürtetes, sehr kurzes Kleid, das lange, schlanke Beine sehen ließ und Füße mit hohem Spann, die in Pumps mit etwas plumpen Absätzen steckten. Es hätte eine Gestalt von heute sein können. Eigentlich war es nur der Mund mit den zum ‹Hühnerpopo› zurechtgemalten und zu stark geschminkten Lippen, der die andere Zeit verriet.

«Hättest du mich erkannt?»

Constance schüttelte den Kopf:

«O nein! Niemals, wirklich nicht!»

Sie hätte es gern heruntergeschluckt, aber es war zu spät. Kinder nehmen kein Blatt vor den Mund, dachte Lulu. Schweigend betrachtete sie eine Weile, die Constance wie eine Ewigkeit vorkam, ein Kinderbild, ehe sie es ihr gab.

«Das ist Josiane, meine Tochter. In Kanton, vor dem schönsten Hotel!»

Constance wagte keine Frage zu stellen. Nun waren noch zwei Fotos übrig. «Das sind Männer», sagte Lulu. Der eine war ein großer hellblonder Jüngling im Badeanzug an einem Strand. Er lag auf dem Bauch. die Ellbogen aufgestützt, lächelte und schien geblendet von der Sonne. Er trug eine Armbanduhr mit einem flachen Metallband.

«Eine Haut wie ein Mädchen», sagte Lulu, «aber sonst ein richtiger Mann . . .»

«Haben sich viele in Sie verliebt?» fragte Constance.

«Viele.»

«Ich werde nur einen einzigen lieben.»

«Das sagt man in deinem Alter immer, aber später, im Leben, kommt alles ganz anders.»

«Nein, das kann man selber entscheiden ... Haben Sie in China gelebt?»

«Ja, in Shanghai, aber auf den Tourneen bin ich auch in andere große Städte gekommen und nach Indochina – so hieß es damals, jetzt hat sich alles geändert ...»

«Das war sicher toll, nicht?»

«Ach ja, das sind schöne Erinnerungen!»

«Ich hab gehört, vor der Revolution hätten die Eltern ihre kleinen Töchter auf der Straße ausgesetzt, damit sie verhungerten.»

«Ach, weißt du, Leute, die verhungerten, gab es viele, und in jedem Alter!»

«Das ist gemein! Warum lassen sie denn lieber die Mädchen umkommen als die Jungens?»

«Die Jungen sind nützlicher, und sie sterben im Krieg, da gleicht es sich wieder aus ... Die Reichen sollten lieber nicht von den Armen reden, sie können sie nicht verstehen.»

«Ich bin nicht reich.»

«Ich weiß nicht ... Arm bist du jedenfalls nicht. Sieh doch euer Haus da unten ... Das ist nicht ein Haus von armen Leuten ...»

«Meine Mama arbeitet.»

«So, das ist was anderes ...»

«Als Sie in China lebten, waren Sie da reich oder arm?»

«Im Vergleich zu heute war ich reich, jedenfalls gab

ich viel Geld aus und hatte *boys*, das sind Hausdiener . . .»

«Aber wenn Sie Diener hatten, waren Sie doch reich?»

«Wenn du willst.»

«Und haben Ihnen viele Männer den Hof gemacht?»

«Viele . . . Weißt du, da unten gab es viele sehr schicke Engländer und Franzosen, ganz anders als in Frankreich. Das Leben in den Kolonien war großzügig, man amüsierte sich . . . Vor allem in Shanghai. Und dann waren da eine Menge Marineoffiziere, schöne Kerle . . . Du wirst sehen, Zärtlichkeit lernt man im Bett . . .»

Constance wußte nicht, was sie darauf sagen sollte. Sie hätte gern irgend etwas erwidert und so getan, als wüßte sie Bescheid, doch sie schwieg und lachte nur leicht auf, halb verlegen, halb beifällig. Auf der Straße jenseits des Hauses sahen sie Wagen vorbeifahren. Es waren Einheimische; um diese Zeit kamen noch keine Touristen. Sie erkannten den riesigen weiß-roten Lastwagen, der dem Metzger das Fleisch lieferte. Wenn Constance im Dorf gerade dazukam, blieb sie auf dem Platz stehen und sah ein paar Schritte entfernt zu, wie die robusten Männer in den weißen, blutbeschmierten Kitteln sich lächelnd einen halben Ochsen auf die Schulter luden, in die Metzgerei gingen und zu dem Lastwagen zurückkamen. Und jedesmal taten ihr die geschlachteten Tiere leid.

«Ich esse nie wieder Fleisch!» erklärte sie dann, aber sie ließ sich überzeugen, daß die Tiere schmerzlos ge-

Arm oder reich . . .

... das ist eine Frage der Gesinnung. Reich ist einer, der zufrieden ist, und wenn er gleich arm wäre, sagen die Dichter und Philosophen. Horaz zum Beispiel: Wer hat, was er bedarf, der ist nicht arm. Oder: Non possidentem multa vocaveris recte beatum – Wer nicht viel besitzt, den mag man mit Recht glücklich nennen.

Also sind im Grunde die Reichen arm dran. Aber die Dichter und Philosophen wissen auch Geld zu schätzen. Quaerenda pecunia primum est – zuerst muß man nach Reichtum streben. Auch das sagte Horaz. Denn: Beati possidentes – glücklich sind, die da haben, wenn sie's brauchen.

tötet wurden und daß sie noch Fleisch essen müsse, um schön zu werden.

«Da ist der Metzger», sagte sie. «Ich finde es nicht schön, daß man Tiere tötet . . .»

«Es ist besser, Tiere zu töten als Menschen», sagte die Alte.

«Ich kenne aber Leute, die ich weniger gern mag als Tiere, weil sie böser sind», antwortete das Kind.

«Im Süden Chinas ißt man das Gehirn von lebenden Affen . . . Jaja, du brauchst gar nicht solche Augen zu machen, es ist wahr, so wie ich es dir sage . . . Das ist ein Schlemmergericht, verstehst du, wie bei uns der Kaviar . . . Der Tisch hat in der Mitte, über einem tiefen Kasten, ein Loch, gerade so weit, daß der Schädel des Affen zum Vorschein kommt . . . Der Hausherr hat einen Hammer neben sich liegen, damit haut er und hämmert mit leichten Schlägen dem Affen den Kopf ein. Dann hebt er die Schädeldecke ab wie die Schale von einem gekochten Ei, und mit einem Löffelchen legt er jedem Gast etwas Gehirn auf den Teller, dem Ehrengast zuerst, und wenn es alle ist, bringt der Diener einen zweiten Affen . . .»

«Das kann doch nicht wahr sein, das ist eine gräßliche Geschichte!»

«Nicht viel gräßlicher als Austern zu essen oder Eulen ans Tor zu nageln.»

«Ich ekle mich vor Austern, und an Tore genagelte Eulen hab ich noch nie gesehen», sagte Constance heftig. «Und außerdem ist es nicht dasselbe.»

Sie tat den Mund nicht mehr auf und gab sich Mühe, nicht zu hören, was Lulu noch erzählte. Aber in ihren Ohren dröhnten die Hammerschläge, die dem

Affen den Schädel spalteten, und die Schreie, die das Tier dabei sicherlich ausstieß. Ihr wurde ganz übel davon.

Wie spät mag es sein? fragte sich Marie, als sie aus dem Haus trat. Sie betrachtete den Himmel. Wenn sie die Fensterläden öffnete, beugte sie sich hinaus und schaute in den Garten, und wenn sie die Tür öffnete, hob sie den Kopf zum Himmel. Das war ihr hier zur Gewohnheit geworden. Sie sah ein paar weiße Wolken von Westen heranziehen, doch der Himmel war von einem sanften, reinen Blau, der Farbe gewisser Papageien, die auf dem quai de la Mégisserie feilgeboten wurden. In Paris nannte man diese Farbe himmelblau. Sooft sie hierherkam, wurde ihr bewußt, wie das Leben während ihrer Abwesenheit weitergegangen war. Wohl hatte sie es sich vorgestellt, doch in Wirklichkeit mochte es ganz anders sein, und meistens war es das auch, so daß sie jedesmal das erträumte Bild wieder berichtigen mußte. Sie betrat das Grundstück so behutsam, wie man in ein Kleid schlüpft, das leicht zerreißt. Sie bewegte sich möglichst unauffällig, um die Schwalben, die über dem Tisch hinter der Glyzinie ihr Nest gebaut hatten, nicht zu verscheuchen, und gab acht, daß sie nicht auf die alte Kröte trat, die alle Vorsicht vergessen hatte. Wo der Regen die Erde weggespült hatte, ragten nun Steine heraus, über die Marie stolperte; sie mußte ihre Schritte ändern, einen neuen Rhythmus finden. Ja, jedesmal war fast alles neu zu lernen, und die allzu kurzen Ferien reichten kaum dazu aus. Der Zitronenbaum war im Winter erfroren. Sie hatte ihn an einer

Stelle gepflanzt, wo er vor dem Mistral geschützt war, aber über zwei Wochen lang, hieß es, hatte der Ostwind geblasen; das hatte das Bäumchen nicht ausgehalten. Auch die Glyzinie war eingegangen, zugleich mit dem wilden Wein. Sie waren im selben Jahr des vorigen Jahrhunderts gepflanzt worden, in dem Jahr wahrscheinlich, als das Haus gebaut wurde. Ineinander verschlungen, wie sie gelebt hatten, waren sie gestorben. Wer von beiden hatte das Zeichen zum Scheiden gegeben? Welcher hatte den anderen mitgezogen? In diesem Sommer würde es keinen Schatten geben auf der Terrasse, man würde fliehen müssen vor dem Brennen der Sonne, die man im Frühling suchte. Doch der Tod der beiden Pflanzen hatte eine Kletterrose befreit; Marie sah ihre Blüten zum erstenmal, weiße, duftende Blüten, fast verwildert und so zart, daß sie beim leisesten Lufthauch auf ihrem Stengel zitterten. Man konnte sich bei den Mahlzeiten so hinsetzen, daß man den Duft der Rosen atmete ... Da kommen einem fast die Tränen, dachte Marie. Was ist nur mit mir, daß mich alles so anrührt, der Tod wie das Leben, das Sanfte und die Gewalt, das Schöne und das Häßliche? Vorsicht ...! Während sie die weißen Rosen betrachtete, bemerkte sie plötzlich einen Bussard, der reglos in der Luft schwebte, denselben, den auch Constance sah. Irgendein kleines Tier wird nun nicht mehr lange leben und weiß es nicht ... oder es hat sich schon in ein Erdloch verkrochen ... Und in Vietnam ist Krieg, und es gibt Menschen, die jetzt, an diesem Morgen, namenlos glücklich aufwachen ... Ich will die Mandelbäume und die Zypressen einpflanzen, die man mir gestern geschickt hat, das wird mich wieder ins Lot bringen, beschloß Marie. Sie holte die Geräte aus der Garage und ging in den kleinen Obstgarten, der dem Haus gegenüberlag. In diesem Augenblick sah Constance ihre Mutter. Sie freute sich mehr, als sie zeigen mochte.

«Da ist Mama! Sehen Sie, sie hat die rote Hemdbluse an, die wir gestern gekauft haben. Dieses Rot hat sie besonders gern, sie sagt, es ist ein richtiges Rot, wie man es selten findet. Sehen Sie, sie will Bäume einpflanzen. Gestern hat sie mir schon gesagt, sie würde es vielleicht tun, vor allem, wenn es nach Regen aussieht, weil das gut für die Bäumchen ist.»

Die alte Frau begriff sogleich, daß Constance nun abgelenkt war und ihren Erzählungen von den Tourneen in Südamerika nicht mehr zuhörte. Sie verstummte. Nach einer Weile stand sie auf und machte sich daran, Reisig zu sammeln. Die Art, wie Constance zu ihrer Mutter hinüberblickte, diese unwiderstehliche Anziehungskraft, erinnerte sie, wie zärtlich sie und ihre Tochter sich geliebt hatten. Wußte diese Frau ihr Glück zu schätzen, die dort unten Pflanzlöcher grub und hin und wieder innehielt, um sich umzusehen? Lulu hätte alles darum gegeben, an ihrer Stelle zu sein, alles, wenn Josiane dort, wo Constance saß, gesessen und nicht auf dem großen Friedhof von Shanghai gelegen hätte.

Constance kauerte in sich gekehrt da, die Arme um ihre Beine geschlungen, und sah, den Kopf auf die Knie gestützt, ihrer Mutter zu. Sie wollte nach Hause, aber noch nicht gleich. Vielleicht waren sie heute nachmittag allein. Wenn es schön bleibt, gehen wir an den Strand, vielleicht essen wir da zu Mittag und sprechen miteinander. Ich werde ihr sagen, daß ich nächstes Jahr nach England möchte, daß ich Englisch lernen und reiten will ... Heute abend kaufen wir uns ein am Spieß gebratenes Hähnchen, vielleicht auch Erdbeeren, und Fleisch für Médor. Dann machen wir ein Holzfeuer im Kamin und spielen die Platte von Joan Baez. Ich möchte gern eine Hose haben, die nur bis zu den Hüften geht ... Was wünschte sie sich nicht alles! Sie hatte unendlich viele Wünsche, jeden Tag kamen ihr neue. Der beständigste von allen war, erwachsen und nicht mehr ein Kind zu sein.

Marie setzte sich oben auf die Terrasse und betrachtete die Bäume, die sie gepflanzt hatte. Morgen wollte sie weiterarbeiten. Sie fühlte sich gestärkt, gefestigt. Diese Bäume würden sie überleben, und eines Tages würde auch Constance welche pflanzen; weiter aber brauchte sie nicht zu denken, noch war Constance unsterblich, der Tod war etwas, das anderen widerfuhr und sie selbst betraf, nicht aber Constance. Es fiel ihr leicht, zu verscheuchen, was sie sich nicht vorstellen wollte. Ich habe teil an der Welt, dachte sie voller Dankbarkeit, ich bin da, und die Bäume, die ich heute morgen gepflanzt habe, sind da, sie werden sich in diese Landschaft einzeichnen, werden sie verändern, und wer immer hierher kommt, wird sehen, was ich gewünscht habe, daß er sieht. Und wenn Frost oder Unwetter diese Bäume vernichten, werden andere Hände neue pflanzen – das wird sich nicht ändern, das hört nie auf ... Constance kam den Weg herauf, sie lächelte ihr zu. Der Hund zerrte an der Leine. Sie schmiegte sich an ihre Mutter.

«Sieh, was ich geschafft habe ... Die Mandelbäume

sehen eigentlich nach nichts aus, man muß sie sich in Blüte vorstellen, aber die Zypressen sind doch bezaubernd, wie schwarze Zicklein. Sie biegen sich schon im Wind!»

«Ich finde, sie sehen eher wie große Kerzen aus», sagte Constance.

Drei Regentage gaben ihrem Leben einen anderen Rhythmus. Als dann am Abend der Mistral zu wehen begann und Marie und Constance die Sterne funkeln sahen, wußten sie: morgen wird es schön. Marie fand keinen Schlaf. Mit gereizten Nerven wartete sie auf die unregelmäßigen Windstöße, ihr rasendes Fauchen; dazwischen, in den Augenblicken der Windstille, horchte sie und suchte in dem Schweigen den Aufbruch, den Ursprung eines neuen Ansturms. Sie sah im voraus das blendende, grausame, trockene Licht, das morgen herrschen würde, jene trügerische Unschuld zwischen den Böen.

Constance schlief wie ein Murmeltier und erwachte früh. Sie sah die Sonnenstrahlen durch die Spalten der Läden dringen und beschloß, wieder auf den Hügel zu Lulu und Tahiti zu gehen. Lautlos und eilig stahl sie sich davon. Marie war, nachdem sie lange wachgelegen hatte, in einen leichten Schlaf gesunken, ein traumhaftes Gleiten auf weißen Wolken.

Constance spürte die Kälte der Luft und sah den allzu blauen Himmel. Die fast schwarzen Hügel standen hart gegen den Horizont und schienen näher als sonst. Sie schlug den gewohnten Weg ein. Als sie auf der Höhe anlangte, betrachtete sie die weißen Alpen.

«Ganz schön», murmelte sie vor sich hin.

Sie kehrte ihnen den Rücken, wandte sich nach rechts, und bald hörte sie Schritte. Sie freute sich darauf, Lulu wiederzusehen; die drei Tage ohne die Alte hatten sie ihr nähergebracht. Sie wollte sie so vieles fragen. Schon von weitem rief sie ihr guten Morgen zu. Die Alte antwortete mit ihrer etwas brüchigen, aber kräftigen Stimme:

«Grüß dich, Prinzeßchen!»

Nach drei Regentagen die Sonne wieder zu spüren, gab ihr ein Gefühl, als erwachte sie zu neuem Leben.

«Ich habe an Sie gedacht, als es so regnete. Wo waren Sie da? Leben Sie wirklich im Wald?» fragte Constance.

«Weißt du nicht, wo ich wohne? Du mußt einmal kommen. Es ist da drüben.» Sie wies mit der Hand in die Richtung. «Früher war es ein Bauernhof, der Hof der Rinaudo, aber das sagt dir nichts, dazu bist du zu jung! Jetzt ist es eine Ruine, seit zwanzig Jahren wohnen sie nicht mehr dort ... seit dem Krieg ... Bei schönem Wetter geht es, ich schlafe unter freiem Himmel, aber mit den Mauern ringsum, und wenn es regnet, gehe ich in mein Zelt. Ich habe ein altes amerikanisches Zelt!»

«Und im Winter wohnen Sie auch da?»

«O nein, wo denkst du hin! Im Winter wohne ich bei einem Bauern, aber während der Ferien vermieten sie mein Zimmer an Gäste aus Paris! Mit den Fremden ist es hier ganz toll! Sie zahlen jeden beliebigen Preis für ein Zimmer, und die arme Lulu muß sehen, wo sie bleibt!»

«Sie könnten zu uns ins Haus kommen», sagte Constance.

Die Alte lachte laut auf.

«Das sag mal deiner Mutter!»

«Ja, es ist ihr sicher recht.»

«Weißt du, es gibt etwas, das sich Freiheit nennt – das einzige, was ich noch habe, aber sie ist mir teuer. Ich will niemandem Dankeschön sagen.»

«Das kann ich Ihnen gut nachfühlen», erwiderte Constance. «Ich werde Ihnen beim Holzsammeln helfen.»

An diesem Morgen war Lulu zum Reden aufgelegt. Sonst blieb ihr immer noch die Möglichkeit, Tahiti aus ihrem Leben zu erzählen, und das war nicht das Schlechteste. Wenn sie sich schlafen legte, kuschte er seinen Kopf auf ihren Bauch und sah sie unverwandt an. Und dann, in der Stille der Nacht, sprach Lulu; es war ein Monolog, der erst bei ihrem Tod enden würde. Vor Tahiti brauchte sie sich nicht zu schämen, da durfte alles laut werden, Wahrheit und Trug, das Schmähliche und das Schöne; was sie nie einem Menschen gesagt hatte, vertraute sie ihrem Hund an, und wenn ihre Stimme sanft und gleichmäßig klang und der Zigarettenrauch ihm nicht in den Augen biß, blieb Tahiti regungslos liegen; seine Ohren zitterten, und seine Augen blickten sie zärtlich an, als hörte er ihr andächtig zu. Lulu strich ihm mit der Hand über die Schnauze.

«Du verstehst nichts, aber du weißt ... Und mir tut es gut, mich auszusprechen», sagte sie. Es war eine Zuflucht in tiefster Verzweiflung, und an manchen Abenden mündete das verzweifelte Selbstgespräch in Ergebung. Dann schwieg Lulu, sie fühlte die Wärme des Hundes an ihrer Seite, sie sah zu den Sternen auf und ließ sich von ihrer Bewegung mitnehmen. Manches aus ihrem Leben war ihr entfallen und würde wohl nie wieder auftauchen. Es sei denn, jemand fragte sie, zwänge sie wiederzufinden, was in dem ununterbrochenen Geweb ihres Daseins verdunkelt war. Doch schon seit langem wurde Lulu von niemandem mehr gefragt. Zuweilen sah sie sich in dem kleinen Spiegel an, der an einem Mauerrest hing, betrachtete genau alle ihre Runzeln, das aus der Form geratene Gesicht, und fand sich nicht wieder, bis auf einen hellen Schein auf dem Grund der Augen und ein kleines Muttermal über dem rechten Wangenknochen. Ihren Körper erkannte sie gar nicht wieder, fremd fühlte er sich an und fremd war sein Geruch, er hatte sich nach und nach verändert, ohne daß sie es wahrgenommen hatte. Als es ihr zum Bewußtsein kam, war es zu spät. Es war der Körper einer alten Frau geworden.

Das Gespräch zwischen Lulu und dem Kind kam schwer in Gang. Beide empfanden auf einmal eine Befangenheit voreinander, die sie hemmte. Sie redeten über unwichtige Dinge, so wie man vor einem Wettlauf die Muskeln lockert. Drei Tage lang war Lulu mit ihren Gedanken allein gewesen. Sie konnte nicht vergessen, wie Constance das Köpfchen gehoben hatte, als sie ihre Mutter sah, wie sie plötzlich lebendig geworden war, ganz erfüllt von dem, was sie da unten im Tal beobachtete. Lulu hatte sich zurückgestoßen gefühlt: das Kind hörte sie nicht mehr, es hatte keine Aufmerksamkeit mehr für sie, und ein paar Sekunden vorher hatte es an ihren Lippen gehangen. In diesem Augenblick war ihr die Eifersucht von einst wieder gegenwärtig geworden, das Gefühl des Besitzens, das sie bei keinem Menschen so empfunden hatte wie bei ihrer Tochter, eine fast grausame Liebe, in der sie so völlig aufging, daß der Tod des Kindes in ihr die Fähigkeit, einen anderen Menschen zu lieben, abgetötet hatte.

«Du bist mir doch nicht mehr böse wegen neulich, Prinzeßchen? Ich bin nicht nett zu dir gewesen, ich war schlecht gelaunt.»

Constance hatte nichts davon gemerkt. Sie sagte es ihr. Sie betrachtete Tahiti, der wie ein müder Gaul breitbeinig auf seinen wackligen Pfoten dastand, den Kopf hängen ließ und abwesend vor sich hin stierte.

«Er ist alt, Tahiti, ihm geht es wie mir. Er ist müde.»

Constance streichelte ihn, setzte sich neben ihn und zwang ihn, sich hinzulegen.

«Ja, eines Tages kommt der Augenblick, wo man jederzeit darauf gefaßt sein muß, zu sterben. Komisch, das ganze Leben hat man Zeit, sich darauf vorzubereiten, und doch fällt es einem so schwer. Man meint, es mache einem nichts aus, aber das ist nicht wahr. Du wirst es erfahren: je älter man wird, um so mehr fürchtet man sich davor. Für dich liegt das nächste Jahr noch in weiter Ferne, für mich ist es ganz nah ... Die Pfirsichbäume bei euch da unten sind schon verblüht ... Vielleicht werde ich nie mehr einen Pfirsichbaum blühen sehen ... Jeden Herbst denke ich daran, ich sage mir: Es ist aus, ich werde den Frühling nicht mehr erleben, und im Frühling: Ob ich wohl schon tot bin, wenn die Zikaden singen? Und so immer weiter. Und dann erlebt man doch noch einen neuen Sommer ...»

«Es heißt doch, daß es neue Medikamente geben wird, und dann brauchte man nicht mehr zu sterben.»

«Ach, dann werden uns andere Sorgen plagen, und bis zu diesen Medikamenten ist es auch noch lange hin. Weißt du, das schlimmste ist mir, daß niemand um mich weinen wird. Man gibt es nicht zu, im Gegenteil, die Leute sagen, es mache ihnen nichts, daß sie sterben müssen, es tue ihnen nur leid um die, die zurückbleiben ... Das sind Märchen ... Ich sage dir, man wünscht sich, daß jemand um einen weint und trauert. Wer dir das Gegenteil sagt, der lügt. Mich hat nur Tahiti lieb, ich bin sein ein und alles, aber Tahiti soll nicht leben bleiben, wenn ich nicht mehr da bin. Ich will nicht, daß er, überall verjagt, als streunender Hund elend umkommt und im Mülleimer endet.»

Lulu sah Constance bei diesen Worten nicht an. Sie sprach zu sich selbst mit einer leidenschaftlichen Erregung, die das Kind verwundert bemerkte. Eine Weile herrschte Schweigen. Es war, als schwebte etwas Unausgesprochenes in der Luft. Dann schaute die Alte um sich.

«Wie herrlich ist das alles, aber ob ich da bin oder nicht, was ändert das schon?»

«Aber für Sie doch», sagte Constance, «und für Tahiti.»

«Ja, das wollte ich damit sagen.»

Lulu kam näher und setzte sich neben das Kind. Sie kramte in ihrer Tasche. Constance dachte, sie suchte nach einem Päckchen Zigaretten, und freute sich schon. Doch die Alte zog einen kleinen schwarzen Revolver hervor. Mit einer kaum merklichen Bewegung wich Constance zurück, dann saß sie starr da. Sie hörte ihr Herz klopfen, ihre Gedanken überstürzten sich. Ich brauche keine Angst zu haben, sagte sie sich. Ihre Kehle war wie zugeschnürt. Die Alte hielt den Revolver in der hohlen Hand.

«Der ist nicht für mich, der ist für Tahiti. Ehe ich sterbe, muß ich Zeit haben, ihn zu töten.»

Es war das erste Mal, daß Constance einen richtigen Revolver sah.

«Kann man damit wirklich jemanden totschießen?»

«Dazu ist er da. Zur Sicherheit.»

Das Kind sah nach dem Haus hinunter. Dort rührte sich nichts. Marie schlief. Nach dem Sonnenaufgang hatte sich der Wind gelegt. Die grellen Farben und die scharfen Umrisse ließen das Haus näher erscheinen. Aber Constance hätte so gern irgendein Lebenszeichen entdeckt.

«Hast du gesehen, wie das Tal bei euch herum grüner geworden ist, seit es geregnet hat? Dieser Regen ist gut für die Reben.»

Constance hätte am liebsten geweint. Sie wußte nicht recht, um wen oder worüber. In ihrem Kopf ging alles durcheinander. War es Mitleid, was sie nun kennenlernte? Mitleid mit wem? Mit der Alten oder mit Tahiti? Oder war es nicht eher noch ein allgemeines Gefühl, das sie plötzlich an der Kehle packte, ein Gefühl, das ihr dunkel blieb? Oder war es einfach Angst? Sie hielt es nicht mehr aus, sie stand auf und sagte: «Ich muß nach Hause.» Und sie ging davon, nein, sie floh vielmehr den steilen Hang hinab, zwischen den Korkeichen und Strandkiefern hindurch, die im vorigen Jahr krank geworden und eingegangen waren.

Während sie rannte, sah sie den kleinen schwarzen Revolver, er tanzte vor ihr. Und wenn sie ihn auf mich richtete, könnte sie mich damit totschießen? Nicht um alles in der Welt hätte sie sich umgedreht. Sie fing an zu singen. Als sie den Hügel hinuntergesprungen war und den Garten betrat, atmete sie auf.

Was für eine komische Idee aber auch, mit einem Revolver herumzulaufen, sagte sie sich.

Sie pflückte ein paar wilde Wicken und ging langsam den Weg hinauf, der zum Haus führte. Drinnen hörte sie das Telefon klingeln. Sie meldete sich. Es war Jeanne, die Marie sprechen wollte.

«Meine Mutter schläft noch», antwortete Constance und hängte ein.

Auf den Zehenspitzen trat sie zu Marie ins Zimmer und wünschte doch, ein unbeabsichtigtes Geräusch möchte die Mutter wecken. Marie blinzelte mit einem Auge.

«Ist es schon spät?»

«Sehr spät, eine unwürdige Mutter bist du.»

Sie hielt ihr die drei Blümchen hin.

«Meine heißgeliebte Mutter, ich bringe dir diese Blumen dar, für dich gepflückt von deiner innig geliebten Tochter!»

Sie lachten beide.

«Und ich wollte doch früh, ganz früh an den Strand! Und du, wo bist du gewesen?»

«Ich war mit Médor auf dem Hügel, ich habe mit Lulu gesprochen. Die war heute aufgeregt!»

«Das macht der Mistral. Man muß zehn sein und starke Nerven haben, um davon nicht angegriffen zu werden. Ein teuflischer Wind!»

Das Meer und der Himmel waren von einer Farbenpracht wie auf billigen Postkarten. Am Strand waren Mutter und Tochter allein. Um ihn vom einen Ende zum anderen entlang zu wandern, brauchte man fast eine Stunde ... Sie liefen barfuß und im Badeanzug. Das Gehen war mühsam. Wie jedes Jahr war das Ufer übersät mit all dem Treibgut, das die Sturmfluten im Winter dort abgelagert hatten. Überall waren tiefe Rinnen ausgewaschen, durch die sich das schlammige Wasser vom letzten Regen ins Meer ergoß. An manchen Stellen hatten sich kleine Steilhänge gebildet, so reißend hatte das Wasser den Sand unterwühlt und weggeschwemmt. Von alldem würde in einem Monat nichts mehr zu sehen sein. Dann war der Sand wieder glatt und blond, weich unter den Füßen, eine einzige, unendliche Fläche mit dem Meeresspiegel, und Meer und Himmel gingen in so feinen Schattierungen ineinander über, daß man sie an manchen Tagen kaum zu unterscheiden vermochte und sie leicht verwechselte. Man mußte diesen Strand in einer anderen Jahreszeit erleben, um die Gewalten zu entdecken, die der heiße, windstille Sommer einschläferte.

Marie und Constance kamen nur langsam weiter. Nirgends ein menschliches Wesen, kein Schiff, kein Vogel. Ab und zu fegte der Mistral von den Bergen herab und über den Boden hin, wirbelte den eisigen Sand auf und warf sich dann auf die See, rauhte sie in schmalen Streifen von silbrigem Weiß, die den Augen weh taten. Danach kehrte die Stille wieder, die kalte Luft schwand, und man spürte wieder die dörrende Glut der Sonne. Nie sticht sie so erbarmungslos, wie wenn der Mistral bläst. Eine Sonne, die verbrennen, in Asche verwandeln kann, was sie trifft. Médor lief über den Strand, tanzte, sprang hin und her, wagte sich ans Wasser vor und versuchte zu saufen, wälzte sich im Sand, nahm mit dem Maul lange, welke Schilfhalme auf, die hier langsam verfaulten, und kam dann mit hängender Zunge wieder zu seinen Herrinnen zurück. Mutter und Tochter sprachen nicht viel. Sie kamen zu dem Wrack eines Bootes, das dort vor langer Zeit gestrandet war. Das Meer und der Sand hatten es allmählich so zernagt, daß es nicht einmal mehr für Kinder zum Spielen taugte. Ein Weilchen setzten sie sich auf den morschen Bootsrand. Ringsum erinnerten Konservenbüchsen, alte Plastikflakons, zerfetzte Pappschachteln, Holzstücke und zerbrochene Flaschen an die vorige Saison.

«Ich habe Hunger», sagte Constance.

Sie gingen weiter und kamen an einen Badeplatz, wo es im Sommer wie toll zuging, so daß man nicht wußte, wohin man den Fuß setzen sollte, ohne jemanden zu stoßen, und vor lauter Barken und Tretbooten kaum ins Wasser konnte. Sie betrachteten die ausgestorbenen Restaurants und Clubhäuser. Erstaunlich, daß so kurz vor Ostern alles noch verlassen war. Bald würden sich Männer mit Binsenmatten, Sonnenschirmen, Luftmatratzen, Plattenspielern, etwas Geschirr und vielerlei Apéritifs einfinden, um alles für die Badesaison vorzubereiten. Man müßte vorher kommen können, in dem idyllischen Augenblick vor dem großen Schwarm, wenn die Tage am schönsten sind, zum Sterben schön – nein, zum Leben schön. Im Juni ist es, als werde die Jugendzeit niemals enden, als sei diese Schönheit unvergänglich, als habe man nichts zu fürchten und brauche sich nichts mehr zu erhoffen, denn die Vollkommenheit ist da, vor unseren Augen, mit Händen greifbar. Der Herbst ist anders; je milder seine Schönheit, desto mehr möchte man weinen um alles, was vergehen wird und was man nie verlieren möchte. Alles wird nach und nach in Sanftheit und Zärtlichkeit hinsterben, und jeder Tag ist kostbar. Man lebt voller Inbrunst wie neben einem Kranken, der verloren ist und schön ist wie ein Gott. Oft dachte Marie, man sollte immer so empfinden wie an der Schwelle des Herbstes, wenn alles uns noch vergönnt ist, aber jeden Augenblick genommen werden kann. Der Frühling wiegt uns fast in Sicherheit, man darf schlafen, seine Zeit verschwenden, er ist die Jugend des Sommers.

Während Marie sich sagte: Ich glaube, mir ist der Herbst am liebsten!, dachte Constance an den Vormittag und war noch nicht mit sich einig, ob sie ihrer Mutter davon erzählen sollte oder nicht. Es würde von einem Nichts abhängen. Und gerade in diesem Augenblick taucht Marie aus ihren Gedanken an den Frühling auf und sieht ihre Tochter an.

«Mein Liebling!» Sie legt den Arm um sie und geht so mit ihr weiter, den Blick auf den Sand gerichtet. Das Kind hebt die Hand und schließt sie um die der Mutter. Marie spürt ein wie von Angst gejagtes Pochen.

«Wenn du sterben müßtest, würdest du mich dann umbringen?»

«Was hast du, Constance?»

«Nichts. Antworte mir.»

«Ich würde dich doch nicht umbringen, ganz bestimmt nicht.»

Marie möchte weitersprechen. Nun weiß sie, dem Kind ist etwas Ernstes geschehen. Sie sucht zu erraten, was es sein könnte, sie sieht Constance wieder vor ihrem Bett stehen, die roten Wicken in der Hand, die schalkhafte Miene, mit der sie ihr die Blumen überreicht. Schalkhaft, aber ein wenig feierlich, fern. Sie selber kam aus dem Schlaf und hat sie vielleicht nicht angesehen, nicht beobachtet, wie sie es hätte tun sollen. Jetzt nur nicht den kleinsten Fehler machen; und doch muß sie etwas sagen, sofort. Da ihr die Worte nicht kommen, küßt Marie das Kind und wiederholt: «Mein Liebling!» Sie waten im Wasser, ein dickes Polster von Tang verdeckt an manchen Stellen den Saum des Strandes. Sie stellen sich darauf, der See zugewandt.

«Ich glaube, der Mistral ist vorbei», sagt Constance.

«Man kann ihm nie trauen», erwidert Marie.

«Diesen Sommer bekomme ich doch einen Badeanzug, einen richtigen Badeanzug, ja? Die Höschen, das ist doch nichts mehr für mich, dafür bin ich allmählich zu groß!»

«Ja, sollst du haben.»

Ein Düsenflugzeug jagt über den Himmel. Sie suchen es, wo es längst nicht mehr ist, und als sie es entdeckt haben, folgt ihr Blick diesem Dahingleiten, diesem weißen Faden, der mit erschreckendem Dröhnen auftaucht und entschwindet. Man könnte sich fragen, ob man es nicht geträumt hat.

«Komm, jetzt suchen wir ein Restaurant. Hast du noch Hunger?»

«Ja, und ich möchte eine Coca-Cola.»

Sie gingen noch eine halbe Stunde, ehe sie ein geöffnetes Restaurant fanden. Von weitem hatten sie einen Badestrand gesehen, wo man schon auf Gäste eingerichtet war, aber dort wimmelte es von Menschen, bunte Sonnenschirme waren aufgestellt, und Kellner schleppten Luftmatratzen auf der Schulter, die sie mit fast mechanischen Bewegungen auf dem Sand ausbreiteten. Sie waren nach links abgebogen, um all dieser Geschäftigkeit aus dem Weg zu gehen und ein ruhiges, etwas verstecktes Plätzchen landeinwärts ausfindig zu machen. Warum hat sie mich das gefragt? dachte Marie.

Wenn sie mich doch fragte! dachte Constance. Aber ich sage nichts mehr.

Sie ließen sich an einem windgeschützten Tisch nieder. Fast wie zwei gleichaltrige Frauen saßen sie einander gegenüber.

«Woran denkst du, Marie?» begann Constance, um ihr gleich zu bedeuten, daß sie nicht wie ein Kind behandelt werden wollte.

Es war gewissermaßen eine Abmachung zwischen ihnen, und Marie verstand den Wink, doch sie zögerte mit der Antwort. Das, woran sie dachte, war entsetzlich. Mußte Constance schon von solchen Dingen wissen? Hatte man das Recht, einem Kind diese Angst ins Herz zu säen? Oder sollte man versuchen, es davor zu bewahren?

«Im Krieg», sagte Marie, «ich habe es nicht gesehen, Constance, aber man hat es mir erzählt – im Krieg hat es jüdische Frauen gegeben, die ihr Kind getötet haben. Sie wurden bei sich zu Hause verhaftet, sie mußten sofort mitkommen und durften nichts oder so gut wie nichts mitnehmen; da haben sie ihr Kind ergriffen, sind mit ihm ans Fenster gestürzt und haben es hinuntergeworfen. Und auch im Zug soll es vorgekommen sein. Sie hielten ihr Kind im Arm, und als die Offiziere durch den Gang kamen und sagten, auf der nächsten Station würden sie gesondert und die Kinder müßten abgegeben werden, haben manche Mütter es mit den eigenen Händen erwürgt.»

Marie konnte nicht mehr weitersprechen. Sie bereute schon, daß sie davon angefangen hatte.

«Aber weißt du, vielleicht sind das Gerüchte, die damals erzählt wurden. Die Menschen waren alle durcheinander, und es wurde viel geredet.»

«Ja, aber das ist schon lange her. Das war im Krieg. Jetzt sind wir glücklich.»

«Sag mir, was war heute morgen?»

«Ich habe dir doch schon gesagt, Lulu war so aufgeregt», begann Constance. «Sie schluchzte und sagte, daß niemand sie lieb hat. Wenn sie stirbt, würde keiner es auch nur bemerken, sie sei mutterseelenallein in der Welt, und du könntest sehr glücklich sein, weil du mich hast und ein Haus hast und einen Wagen, und weil du Freunde kennst, aber sie hätte nie jemanden, mit dem sie sprechen kann. Beim Reden fuhr sie mit den Händen in der Luft herum, und ihre Stimme zitterte. Sie rief Tahiti und sprach zu ihm, er setzte sich vor sie hin und gab ihr immerzu die Pfote, abwechselnd die eine und die andere, und dann drückte sie ihn an sich und sagte zu ihm: ‹Du könntest nicht ohne mich leben, du hast mich lieb, nicht wahr? Ich lasse dich nicht im Stich, mein Hündchen, du kommst mit mir.› Und sie kramte in ihrer Tasche und holte einen ganz kleinen schwarzen Revolver heraus, und sie tat, als ob sie schießen wollte und hielt ihn Tahiti ans Ohr und sagte: ‹Schau, das dauert nur einen Augenblick, und dann bist du tot, mein Tahiti, und sie legen dich zu mir ins Grab.› Er sah sie an und ließ den Kopf ein bißchen hängen. Ich sagte zu ihr: ‹Lulu, Sie müssen doch nicht sterben, Sie sind ja nicht krank›, aber sie sagte: ‹Doch, ich bin sehr krank, ich bin verbraucht, das kannst du nicht verstehen.› Sie hat sogar gesagt: ‹Ich werde die Pfirsichbäume in deinem Garten nicht wieder blühen sehen. Ich bin eine arme Frau.› Sie weinte und drückte sich den Revolver aufs Herz. Ich hab versucht, sie zu trösten, sie zu beruhigen, aber alles war umsonst. Dann bin ich nach Hause gegangen, weil es schon spät war. Und sie hat gesagt, kein Mensch in der Welt hätte sie lieb, und keiner wird um sie weinen, wenn sie stirbt.»

Am nächsten Tag wachte Marie dem Morgen entgegen. Jäh war sie aus dem Schlaf aufgefahren. Constances Enthüllungen hatten in ihr eine Unruhe, eine Angst zurückgelassen, die auch im Schlaf nicht gewichen waren. Es war nicht nur Entsetzen über das, was hätte geschehen können, über die Gefahr, in der das Kind geschwebt hatte. Sie hatte das Gefühl, die Alte streiche um das Anwesen herum, beobachte sie, spioniere ihr nach und wisse genau, wann sie in der Sonne Mittagsruhe hielt, wie sie seufzte, wie sie umherschlenderte. Seit Tagen, sagte sie sich, werde ich belauert, ohne es zu ahnen. Sie stellte sich Lulu vor, wie sie langsam den Garten umkreiste und ihre Verzweiflung daherschleppte wie ein angeschossener Wolf. Gewissensbisse, Angst vor einem nahen Unheil, eine tiefe Abneigung, in die sich Mitleid mit der einsamen alten

Frau mischte, das alles ging in Marie durcheinander. Sie wußte noch nicht, wie sie sich verhalten sollte, um Constance daran zu hindern, daß sie wieder heimlich zu diesen Begegnungen auf dem Hügel lief. Sollte sie Lulu aufsuchen? Konnte sie dem Kind nicht irgendwelche Unternehmungen vorschlagen, die die Freiheit dieser Tage einschränkten und Constance zerstreuten und ablenkten? Sie warf einen Morgenrock über und ging hinaus, den Hund auf den Fersen. Die Sonne war noch nicht aufgegangen. Das Tal schwamm im Nebel, die Blätter der Bäume waren feucht; beim ersten Sonnenstrahl würden sie erglänzen. Aber noch war alles verschleiert, kein Windhauch regte sich. Marie fröstelte. Ich will ein bißchen laufen, sagte sie sich. Sie schrieb auf einen Zettel: «Bin auf dem Weg durch den Weinberg», und legte ihn auf eine Treppenstufe. Sie zündete sich eine Zigarette an. Bald würde die Sonne aufgehen und alles verwandeln, und auch ihr würde sie neuen Auftrieb geben. Wo war die Zeit geblieben, da jedes Erwachen ein Frohlocken war, da sie es erlebte, als sollte es das letzte sein? Meine Inbrunst, dachte sie, wo ist die Inbrunst geblieben, mit der ich lebte ...? Er hat sie getötet ... Aber wenn er sie getötet hat, so war sie nicht mein, war sie ein geliehenes Gewand, weiter nichts ... Er hat es mir beim Abschied genommen: Gib mir den Mantel deiner Inbrunst ... weggenommen, verschwunden, aus ... Nur kein Selbstmitleid, zertritt es, du hast keinen Grund dazu, halte dich nicht damit auf ... Trägst du die kleine Flamme in dir, wird sie immer brennen; wenn nicht, so hilft alles nichts, du wirst sie nie erlangen ... die Gnade, denn das ist es. Sie lachte laut auf, ganz allein. Marie, du bist eine Jansenistin, ohne es zu wissen ... Sie war bis zum Fuß des Hügels gelangt, ein Bach schnitt ihr den Weg ab. Sie betrachtete die gelben Schwertlilien und ihre dicken, wie lackierten Blätter. Als sie aufschaute, war der Himmel heller und hatte jenen Ton zwischen malvenfarben und Schiefer verloren, der sie ein paar Minuten zuvor so beklommen gemacht hatte. Oder war in ihr selbst schon eine Veränderung vorgegangen? Sie drehte sich um und betrachtete das rosa Haus und die Schirmpinien, die es umgaben, mit den jüngsten Trieben von zarterem Grün und den dunkelroten Stämmen. Wie die Bäume Cézannes, dachte sie, keiner hat die Pinien so gesehen wie er ... Während sie hinuntersah, traf der erste Sonnenstrahl das Haus. Es war, als würde es lebendig, als lächelte es und regte sich. Sie blieb stehen, an eine Korkeiche gelehnt. Es verhieß schönes Wetter, wenn die Morgenbrise zugleich mit der Sonne kam. In ein paar Minuten würde der Nebel spurlos verweht sein. Wie mußte Constance sich vor dem Revolver gefürchtet haben! Sie würde es niemals sagen, und Marie würde sie nicht danach fragen. Darin waren sie sich einig, und sie schätzten aneinander diese Zurückhaltung, diese Scheu. Als sie selbst noch ein kleines Kind war, viel jünger als Constance – denn Marie erinnert sich noch, wie sie sich anstrengen mußte, wenn sie in das Bett kletterte –, war sie eines Morgens etwas früher als sonst zu ihren Eltern hinübergeschlüpft. Ihr Vater war schon aufgestanden, und sie legte sich auf seinen Platz und schmiegte sich an die Mutter. Das Tablett mit dem Frühstück stand auf dem Bett. Ihre Mutter aß gerade das letzte Stückchen Toast. Vorsichtig schlängelte sich

Marie unter die Decken, um nichts umzuwerfen. «Ich füttere meine Lerche», sagte die Mutter und steckte ihr die knusprigen Krümel in den Mund, und Marie schluckte sie begierig, wie sie es bei den Vogeljungen gesehen hatte. Dann wurde das Tablett auf den Fußboden gestellt, und man konnte sich frei bewegen. Aus dem Badezimmer hörte Marie barbarische Geräusche, aber im Bett war es schön, da war es mollig warm und ruhig. Sie hatte die Hände unter das Kopfkissen ihres Vaters gesteckt und da fand sie etwas, einen harten, kalten Gegenstand. Sie zog ihn hervor: es war ein Revolver. «Ist das ein richtiger Revolver?» fragte sie ihre Mutter. «O nein, mein Liebling, das ist kein böser Revolver, Vater hat das dahingelegt, gib es mir.» Marie weiß noch, wie sich das Ding anfühlte, wie schwer es in ihren Händen lag ... Vielleicht ist Lulu jetzt da oben über mir? Die Hunde werden sich wittern und zu einander laufen, dann begegnen wir uns ohne Constance, das ist besser. Ich werde schon in ihrem Blick lesen; man sieht es, wenn ein Mensch verzweifelt ist ... Wir werden miteinander sprechen, und vielleicht verstehen wir uns.

Doch Lulu war an diesem Morgen ins Dorf gegangen. Marie schlenderte weiter auf dem von Reben gesäumten Weg. Sie ließ das Haus nicht aus den Augen und dachte, Lulu tue dasselbe. Ein kleines Mädchen lag dort in tiefem Schlaf.

Constance ging nicht mehr auf den Hügel. Sie blieb in der Nähe des Hauses. Manchmal schaute sie hinauf, und Marie sah ihr an, daß sie nach einem Geräusch horchte. Eines Abends nach dem Essen bemerkte sie, wie ein feiner Muskel um den Mund des Kindes zitterte. Dieses nervöse Zucken verrät, daß sie am Rande ihrer Kraft ist, dachte Marie. Aber sie sagte nichts, und Constance auch nicht. Marie öffnete die Fenster, um die Nacht hereinzulassen. Sie saßen einander gegenüber an dem großen Kamin. Zwischen ihnen verglomm das Feuer. Sie muß es lernen, sagte sich Marie.

Es war der letzte Monat ihrer Ferien. Die Lavendelstöcke waren alle eingepflanzt.

In diesem Jahr brachten Mai und Juni viele schöne Tage in Paris. Constance war fleißig in der Schule und trug kokett ihre neuen Sommerkleider. Eines Morgens erhielt Marie einen Brief von Jeanne, der sie ihr Haus im Midi geliehen hatte.

«Gestern gab es große Aufregung um eine Frau, die hier nur ‹die verrückte Alte› heißt. Das ganze Dorf redet davon. Vielleicht kanntest Du sie ja; ich muß gestehen, ich wußte nichts von ihr. Man ist immer ganz erschüttert, wenn man von solchen Geschichten hört. Man vergißt – ich wenigstens vergesse –, daß es so etwas gibt. Ja, ich habe gesehen, wie egoistisch ich bin, und dieses Unglück zwingt mich, wieder einmal daran zu denken, daß es Einsamkeit gibt, daß ich sie kennengelernt habe. Aber Du weißt ja, der Mensch ist nicht tot zu kriegen, man vergißt das Böse, den Schmerz und erinnert sich erst wieder daran, wenn sie aufs neue zuschlagen.

Ich fühle mich wohl in Deinem Hause. Es ist herrliches Wetter, ich liege stundenlang in der Sonne, lese (oder tue so, als läse ich) und sehe den Eidechsen zu, wie sie kommen, sich zu wärmen. Wenn es mir zu heiß wird, gehe ich in den Schatten der Pinie. Hast Du bemerkt (ja, natürlich), daß die Sonne um sie kreist und sie immer auf einer Seite Schatten gibt?

Kurzum, ich wartete auf Denys, der übermorgen kommen soll, und hatte das Ungemach der Welt vergessen ... Und ich grolle der Alten und grolle mir, daß ich ihr grolle, usw., weil sie mich nun mit der Nase gründlich auf die Verzweiflung stößt.

Also, gestern morgen fuhr ein Mann aus dem Dorf, Bernardi, glaube ich, den Weg oberhalb Deines Hauses entlang. Er hatte seinen Hund bei sich, in seinem 2 CV-Lieferwagen. Warum er anhielt, weiß ich nicht. Der Hund schnupperte herum und verschwand (Du weißt ja, daß die Leute hier nur Jagdhunde halten!); er pfiff ihm, aber das Tier kam nicht zurück. Nach einiger Zeit hörte er ihn bellen und ging ihm nach – das Weitere ist grauenhaft. Er fand die Alte, sie lag im Sterben, stöhnend, bewußtlos, und neben ihr lag ihr toter Hund, von Messerstichen durchbohrt. Zwischen ihnen ein Revolver (anscheinend nicht geladen) und das Messer ... Als Bernardi das sah, fuhr er ins Dorf zurück, und von der Mairie schickte man Polizei und einen Krankenwagen hinauf. Die Alte ist gestern abend gestorben, und sie hat nicht mehr gesprochen, ich glaube auch, sie ist gar nicht mehr zu sich gekommen. Was ist da geschehen? Warum hat sie den Hund getötet? Ihr Gesicht, ihre Hände und ihre Kleider waren über und über mit Blut bedeckt, doch an ihr selbst konnte man nicht eine einzige Wunde feststellen, keine Spur von Gewalttat. Man hat auch ihren Geldbeutel gefunden, und es war allerhand Geld darin. Offenbar ist sie also nicht überfallen worden. Ob sie plötzlich wahnsinnig geworden ist? Stell Dir das vor: allein im Wald sterben, und das in unserer Zeit! Gewiß, allein in einem Altersheim sterben oder im Krankenhaus ist nicht weniger schrecklich . . .»

Den ganzen Tag fühlte Marie sich bedrückt. Mehrmals versuchte sie, Jeanne anzurufen. Doch es kam keine Antwort. Sie hätte gern Näheres gehört, mit ihr gesprochen, ihr gesagt, was sie wußte . . .

Um fünf Uhr holte sie Constance von der Schule ab. Über Paris zog sich ein Gewitter zusammen. Das Kind wunderte sich, als es seine Mutter sah.

«Gehen wir Eis essen?»

«Ja, in der rue Saint-Louis-en-l'Ile.»

Sie brauchten endlose Zeit, um den boulevard Saint-Michel hinunterzugehen. Vor den Ferien muß ich Constance die Wahrheit sagen, dachte Marie. Ich nehme halb Nuß, halb Erdbeer, dachte Constance, und wenn sie Nuß nicht mehr haben, dann Zitrone und Erdbeer . . .

Ein paar Tage darauf gingen Marie und Constance abends durch eine jener Straßen in Paris, wo man noch Clochards begegnet. In einer kleinen Grünanlage in der Nähe von Notre-Dame setzten sie sich auf eine Bank. Ihnen gegenüber saßen zwei Clochards und aßen und redeten. Jeder hatte seine Flasche Wein. Constance bemerkte sie und konnte die Augen nicht von ihnen abwenden. Marie verstand, trotzdem fragte sie.

«Woran denkst du, Constance?»

«Glaubst du, daß sie glücklich ist, Lulu?»

V

«Willst du wirklich noch nicht schlafen gehen? Es ist schon spät.»

«Wieviel Uhr?»

«Nach zehn.»

«Ich bin noch gar nicht müde.»

«Aber du langweilst dich; was wir reden, ist doch nicht interessant für dich.»

«Doch, ich finde es sogar sehr interessant, es interessiert mich brennend ... Wirklich, sprecht nur weiter, ich höre zu.»

Eine Hand auf dem Kopf Médors, schaute sie mit ernster Miene ihre Mutter an, die das Gespräch wieder aufnahm.

«Ja, ich wollte sagen, das Schweigen, das Schweigen zwischen Eheleuten – es kommt gar nicht so sehr darauf an, daß man miteinander spricht, sondern vielmehr darauf, daß man weiß, man könnte, man darf sprechen ... daß man weiß, da ist ein Mensch auf der Welt, mit dem man ebenso gut sprechen wie schweigen kann, und ob man schweigt oder spricht, die Klarheit bleibt, das Gespräch hört niemals auf ... Eine sehr alte Frau hat mir einmal eine Geschichte erzählt, ihre eigene Geschichte, und ich habe sie nie vergessen. Es war im Ersten Weltkrieg, sie war verlobt ... eine Kinderliebe, eine Jugendliebe, beide waren noch sehr jung, zwanzig, zweiundzwanzig Jahre ... Er gerät in Gefangenschaft. Monatelang richtet sie Gesuche an die deutsche Kommandantur, um – ich weiß nicht unter welchem Vorwand – zu erreichen, daß er in die Heimat entlassen wird. Und es gelingt ihr ... Eines Tages kündigt man ihr seine Rückkehr an ... er werde am nächsten Tag mit einem Transportzug ankommen ... Es war im Winter, in einer Stadt im Norden, vielleicht in Belgien, ich weiß es nicht mehr. Es schneite, die Straßen waren voller Matsch ... ihr wißt ja, wie die Straßen aussehen, wenn es viel geschneit hat. Sie kleidet sich an, macht sich fertig, sieht noch einmal hinaus nach dem Wetter und beschließt, ihre Galoschen anzuziehen – damals wurden sie, glaube ich, viel getragen, grobe Schuhe aus Gummi ...»

«So wie unsere Gummistiefel», sagte Constance.

«Ja, aber ihr tragt eure Stiefel statt der Schuhe; das, was ich meine, waren keine Stiefel, und man zog sie über die Schuhe.»

«Ach so, ich verstehe ... wie riesige Pumps ... wie meine Lackpumps, aber ohne Schleifen und aus Gummi. Darin muß man ja große Füße gehabt haben ... das sah sicher nicht hübsch aus!»

«Sie waren sehr schwer an den Füßen und ziemlich plump ... Sie wartet auf dem Bahnhof, sie ist aufgeregt, bewegt ... Da sieht sie sich im Spiegel, bestimmt hat sie sich sehr aufmerksam betrachtet, und sie bemerkt, wie häßlich die Galoschen sind; es fällt ihr auf, obwohl man die Röcke damals sehr lang trug.»

«Oh, ich schwärme für solche Kleider, die in der Taille ganz eng anliegen und nach unten ganz weit werden und auf dem Boden schleifen.»

«Nein, das sind romantische Kleider ... das war früher.»

«Und die Miniröcke, gefallen die dir nicht?» fragte Jean.

«Die Minis sind nett, wenn man sehr hübsche Beine hat, wissen Sie, sonst sieht das lächerlich aus, geradezu häßlich ... Es sind oft gräßliche Mädchen, die Miniröcke tragen ... ich begreife das nicht ... ich würde es nicht wagen. Und man muß auch Strumpfhosen dazu anziehen, mit Strümpfen sieht das nicht gut aus ... Du weißt, was ich meine, Mama ... Also, wir waren bei den Galoschen ...»

«Die alte Dame erklärte mir, wie wichtig dieses Stückchen Bein war, das man sehen ließ, die Linie von den Knöcheln bis zum Ansatz der Wade, der schmale, elegante Spann, den die Schuhspange noch hervorhob, und die Wölbung des Fußes ... Kurzum, sie findet sich scheußlich mit diesen dreckbespritzten, schweren Galoschen und zieht sie aus. Aber wohin damit? Sie sind widerlich, sie werden ihr den Mantel beschmutzen, und in ihrer Handtasche kann sie sie nicht verstecken ... Sie kauft eine Zeitung, irgendeine, ohne darauf zu achten, die erste, die der Verkäufer ihr hinhält ... ‹Eine Zeitung bitte, Monsieur!› ... und sie wickelt ihre Galoschen darin ein ... Gewiß hat sie sich dann wieder im Spiegel betrachtet und sich hübscher gefunden, anmutiger ... Sie geht auf den Bahnsteig, der Zug fährt ein ... Sie sucht Armand – so hieß er. Es sind nur Männer in dem Zug, sie rufen ihr zu, necken sie, machen Späße, und sie fühlt sich schön, begehrenswert, sie schaut nach dem Mann aus, den sie liebt ... Alles ist gut, sie haben sich entdeckt, stehen sich wortlos gegenüber ... Leute gehen zwischen ihnen hindurch, und sie sehen sie nicht ... sie nehmen sich in die Arme ... Und sicherlich ist dies der glücklichste Augenblick ihres Lebens, an den sie noch in ihrer letzten Stunde denken wird: Das war der Augenblick des Glücks in meinem Dasein! Und in den folgenden Jahren wird sie immer wieder versuchen, ihn zurückzurufen ... Aber das weiß sie noch nicht ... Diese Umarmung ist ja nur ein Vorspiel, die Verheißung dessen, was nun kommt ... Sie küssen sich, sie liebkosen sich, sie murmeln unverständliche Worte, sie schauen sich an ... Ich erfinde nichts dazu, ich erzähle es euch so, wie die alte Dame es mir erzählt hat, wie es ihr in Erinnerung geblieben ist. Mag sein, daß es in Wirklichkeit etwas anders war, mag sein, daß sich dies nicht auf dem Bahnsteig abgespielt hat, einfach weil es nicht erlaubt war, sich den Gefangenen zu nähern, bevor sie eine Reihe von Formalitäten hinter sich gebracht hatten ... Einerlei ... Armand sieht die Zeitung, seine Miene verändert sich, und in ihrer Erinnerung wird er für sie in dieser Sekunde *ein anderer* ... Er sagt: ‹Du liest also die Zeitung des Feindes?› Sie antwortet nicht, erklärt nichts, verteidigt sich nicht.»

«Wie blödsinnig! Sie hätte ihn anbrüllen sollen!» sagte Constance.

«Sie haben geheiratet, sie haben ein Kind bekommen, er lebt jetzt nicht mehr ... Aber irgend etwas, das Wesentliche, war auf dem Bahnsteig zerstört worden. Seht ihr, das Schweigen ... ein Augenblick der

Verzagtheit, ein Verzicht, die verletzte Eigenliebe – und sie waren *andere* geworden, sie sahen sich *anders*, und jeder von beiden fühlte, daß der andere ihn *anders* sah ... Etwas war vergiftet.»

«Sie hätten sich wiederfinden können», sagte Jean. «Doch dann wäre es unvermeidlich in einem späteren Augenblick geschehen ... Dieser Keim des Mißverstehens war von Anfang an zwischen ihnen, diese Eitelkeit ...»

«Wer weiß? Wenn das wunderbare Vertrauen der jungen Liebe einmal getötet ist, ich weiß nicht, ob man es dann je wieder lebendig machen kann ... Dieses Miteinander von Vertrauen und Geheimnis ... Es ist das Kostbarste ... das Zerbrechlichste ... Wenn man sich von ihm nicht tragen läßt ...»

«Ja», sagte Jean, «aber hier ist dem Vertrauen ein Schlag versetzt worden. Worte hätten da nichts mehr genützt ... Der Gedanke, sie habe sich so verändern können, hätte Armand nie auch nur streifen dürfen, er hätte wissen müssen, warum sie die Zeitung gekauft hatte ... Er liebte sie nicht, oder er wäre selbst fähig gewesen, zu tun, was er ihr vorwarf.»

«Aber er war verletzlich, geschwächt und vielleicht schwächlich von Natur ... Er kam aus einem Albtraum ... Auch sie hätte ihn verstehen müssen ... Beide konnten sich nicht in den anderen hineindenken ... Sie waren Kinder ... Glauben Sie, daß alles so ein für allemal entschieden ist? Kann man sicher sein, daß ihre Liebe dies nicht hätte überstehen können? Denn sie liebten sich, sie haben geheiratet ... Es war keine Vernunftehe, wenigstens glaube ich das nicht; etwas sehr Starkes muß sie verbunden haben ... sie konnten nicht auseinandergehen ...»

«Ach, das will nichts heißen. Viele Menschen haben nicht die Kraft, die nötig wäre, um sich zu erneuern, sich wieder auf den Weg zu machen ... Man bleibt, wo man einmal ist, aus Mangel an Mut, nicht aus Liebe.»

«Meinen Sie? Schon mit zwanzig ...? Ich meine eher, das ist eine Feigheit, die erst später kommt, wenn man sich im Leben eingerichtet hat ... und nicht noch einmal aufbrechen mag ... Dann entschuldigt man sich mit den Kindern, mit der Wohnung, mit der Anhänglichkeit an das Vergangene, und es ist ja auch wirklich nicht leicht, sich mit den Wurzeln loszureißen ... Man riskiert sein Leben ... Es hört sich erbärmlich an, und es ist auch nicht sehr edel, aber selten verläßt man einen Menschen, wenn man nicht vorhat, zu einem anderen zu gehen ... Man hat Angst vor der Leere ... Man lebt mit heruntergeschraubtem Docht, halb eingeschlafen, und manchmal entfacht sich die Flamme nie wieder ... Nur in seltenen Augenblicken wird es einem bewußt, das ist wie ein Blitz, und dann findet man sich wieder in der Dämmerung und kann sie bis zum Tode nicht mehr verlassen ... Mancher verläßt sie nicht mehr bis zum Tode ...»

«Die meisten Menschen fürchten das Licht ...» sagte Jean.

«Da bin ich aber ganz anderer Meinung als ihr», fiel Constance ein. «Das Mädchen war eine Idiotin ... Sie hatte keine Ahnung, wie Jungens sind ... Jungens sind schüchtern ... viel schüchterner als Mädchen, und gerade wenn sie Kummer haben oder verliebt sind, sagen sie nichts davon ... Ich hätte es ganz anders angefangen ... Ich hätte ihm gleich gesagt, daß ich die Zeitung gekauft habe, ohne sie mir anzusehen, nur um meine Stiefel darin einzuwickeln, und daß ich zerstreut war, weil ich nur an seine Ankunft dachte, und dann wäre er zufrieden gewesen ... Und ich hätte seine Hand genommen und hätte ihn geküßt ...»

«Du hättest das Kätzchen gespielt», sagte Jean.

«Wenn du bockig bist», antwortete ihr Marie, «weil ich dich gekränkt habe, dann könnte ich dich verprügeln und dich noch so sehr ausschimpfen, du würdest dich nicht rechtfertigen.»

«Aber bei Verliebten ist das doch ganz anders.»

«Schlimmer!» murmelte Marie.

Es wurde allmählich kühler. Ein leichter Wind hatte sich erhoben, man hörte ihn in den Platanen rascheln und sah seine Spuren auf dem Fluß, wo er lange, sanfte Wellen vor sich her trieb. Die Wagen, die vorüberfuhren, erhellten für einen Augenblick die Böschungen; dann war es wieder dunkel.

«Wie gut, daß wir ans linke Ufer gegangen sind», bemerkte Jean.

«Ich möchte es machen wie die Leute, die da im Wagen vorbeikommen, die ganze Nacht hindurch fahren und morgen bei unserem Haus ankommen und im Meer baden», sagte Constance.

«Ich fürchte, ich schliefe am Steuer ein, sonst täte ich's.»

«Ich hätte ja fahren können.»

«Ach ja, das ist wahr, er hätte fahren können, das wäre toll gewesen ... Wollen wir es tun, Mama? Ja?»

Noch nie habe ein Mann ihren Wagen gefahren, sagte Marie überstürzt. Es brach aus ihr hervor wie ein Schrei.

«Seit wann haben Sie diesen Wagen?»

«Seit drei Jahren.»

«Und noch nie hat ein Mann ...»

«Nie ... Es hat sich so ergeben ... Blödsinnig, nicht wahr?»

Jean schien das Thema wechseln zu wollen.

«Es gibt Dinge, die sich von selbst verstehen», sagte er, «und die tut man ohne Zögern ...»

Sogleich fuhr Marie fort:

«Aber sie sind so selten, und es ist so schwer, ganz mit sich im reinen zu sein – oder es zu bleiben, oder mit sich ins reine zu kommen –, nein, das stimmt nicht, entweder man ist es oder man ist es nicht. Ich wollte sagen: so weit mit sich im reinen, daß man empfindet, was sich von selbst versteht. Was für den einen selbstverständlich ist, ist es nicht unbedingt für den anderen, und da entstehen die Konflikte – nun ja, nicht alle, aber doch manche ... Es muß etwas für beide eine Selbstverständlichkeit sein ... Ich spreche nicht von Neigungen, von gleichem Geschmack, ich meine etwas ganz anderes.»

Jean stimmte zu, aber Constance bemerkte etwas gereizt:

«Ich kann in meinem Alter unmöglich den gleichen Geschmack haben wie du, das versteht sich wohl von selbst oder ist, wie du sagst, eine Selbstverständlichkeit.»

«Nein, das ist nicht ganz das, was ich sagen wollte.»

Marie sah Jean an, sie lächelte ihm zu.

«Wollen wir losfahren?»

«O ja, bitte, bitte, du bist auch die Allerbeste ... Das ist wunderbar!» rief Constance.

Jean stand auf. «Ich will dem Wirt Bescheid sagen und zwei Kaffee bestellen.»

Sobald sie allein waren, warf sich Constance ihrer Mutter in die Arme, sie schmiegte sich an sie, küßte sie auf den Hals, aufs Ohr, und dann sah sie ihr plötzlich in die Augen.

«Hast du früher öfter solche Sachen gemacht? Bist du oft die Nacht hindurch gefahren?»

«Ja», antwortete Marie.

Die Nacht war klar und rings am Horizont voller Sterne, denn der Mond stand schon hoch. Die Platanen zu beiden Seiten der Landstraße wuchsen über ihnen fast ineinander, und Marie fand sie schön wie ein Kirchengewölbe. Sie fürchtete einzuschlafen und versuchte an ganz bestimmte Dinge zu denken. Sie schloß die Hände fest um das Steuer und machte einen runden Rücken, um die Wärme der Lehne mehr zu spüren, doch es gelang ihr nicht, ihre Aufmerksamkeit zu sammeln, und jeder Falter, der an der Windschutzscheibe zerschmetterte, ließ sie zusammenfahren. Schon von weitem beobachtete sie die entgegenkommenden Wagen. Sie liebte diese flüchtigen Begegnungen, bei denen der Dialog der abgeblendeten Scheinwerfer den Austausch von Worten, von Blicken ersetzte, bevor man wieder in die Nacht und die Stille tauchte. Constance studierte mit Hilfe ihrer Taschenlampe die Karte.

«Wir sind auf der Route 433, und das ist die Rhône.»

«Nein, das ist die Saône.»

«Und ich sage, es ist die Rhône.»

«Nein, erst von Lyon an, sieh nur genau hin.»

«Aber ich weiß es doch!»

«Marie hat recht», sagte Jean.

Eine Weile ließ Constance schweigend den Schein der Lampe über die Karte wandern. Schließlich sagte sie:

«Stimmt.»

Jean riet ihr, sich hinzulegen und zu schlafen, doch davon wollte sie nichts wissen.

«Wenn wir die ersten Zypressen sehen . . .» begann Marie.

«Mama, erinnerst du dich an die Zypressen, die du Ostern gepflanzt hast? Sicher sind sie gewachsen, glaubst du nicht?»

Jetzt denkt sie bestimmt an Lulu, sagte sich Marie. Sie hatte es so lange wie möglich hinausgeschoben, ihr zu erzählen, daß die Alte gestorben war. Das Kind hatte die Nachricht aufgenommen, ohne mit der Wimper zu zucken.

«Und Tahiti?» hatte es gefragt.

«Sie sind zusammen gestorben.»

«So hat sie es gewollt ... Es ist gut, wenn man stirbt, wie man es sich gewünscht hat und wenn man so alt ist . . .»

Marie konnte soviel Weisheit nur zustimmen. Sie hatte gedacht, Constance würde sie nach dem Revolver fragen, doch die Frage war nicht gekommen. Hatte sie ihn vergessen? Wollte sie ihn vergessen? Seither hatte Constance Lulus Tod nie wieder erwähnt.

«Mich friert am Rücken», sagte sie.

Jean bot ihr seine Jacke an. Marie machte ihm heimlich ein Zeichen, das bedeutete: Sie haben nicht verstanden ...

«Willst du dich zu uns setzen?» fragte sie.

«Warum nicht ... ja, gern.»

Sie kletterte über die Lehne und saß nun da, wo sie sein wollte: zwischen ihnen, dicht neben ihnen, zugleich Bindeglied, Scheidewand und Wächterin. Fast eine Stunde lang fuhren sie schweigend dahin.

«Wir müssen tanken», mahnte Jean.

«Ich achte schon auf die nächste Tankstelle, du brauchst nicht danach auszuschauen, ich sage dir Bescheid ... Und Sie auch nicht ... Willst du Esso oder BP?»

«Das ist mir gleich.»

Ein Schild tauchte aus der Dunkelheit auf: ESSO 3 KM.

«Ich weiß wohl, daß ihr es gesehen habt», sagte sie nach einer Weile. «Ihr meint, ich beobachte euch nicht.»

Sie hielten es für das klügste, zu lachen, und Constance lachte auch. Trotzdem sagte sie zu ihrer Mutter:

«Du hältst mich immer noch für ein Kind.»

Später schlief sie ein, nachdem sie lange dagegen angekämpft und immer wieder gefragt hatte, wieviel Uhr es sei. Sie gab ihrer Müdigkeit nach, lehnte sich an Jean, blickte zu ihm auf und murmelte gute Nacht, dann legte sie ihre Hand zwischen Wange und Pullover; bald darauf sank sie ganz zu ihm hinüber, und ihr Oberkörper schwankte auf den Knien des Mannes. Marie wandte den Kopf und betrachtete die beiden.

Jean machte eine zärtliche Bewegung über dem Gesicht und den Haaren des Kindes.

«Merkwürdig ... sie ist schon eine Frau, und sie weiß es ...»

«Ja, doch nicht so, wie wir meinen ... Sie weiß es aus Instinkt ... Ich habe nie ein kleines Mädchen erlebt, das sich so heftig danach sehnte, erwachsen zu sein ... Sie erwartet es wie ein Fest.»

«Sie hat recht», sagte Jean.

«Kennen Sie keine anderen kleinen Mädchen?»

«Doch, eines, meine Nichte, die Tochter meiner Schwester, sie ist ungefähr im gleichen Alter ...»

«Sie haben eine Schwester?»

«Sie ist vor einem Jahr um diese Zeit gestorben.»

Marie wußte nicht, was sie sagen sollte. Sie wünschte, sie hätte die Frage nicht gestellt. Die Nacht ist schön, ich fühle mich wohl, ich möchte, daß es so bleibt, sagte sie sich, aber von der Seite sah sie, wie Jean den Kopf zum Fenster wandte; diese Art, ins Weite zu blicken, den Kopf zwischen die Schultern gezogen, wenn ihn etwas bedrückte, war ihr an ihm schon vertraut.

«Haben Sie sie sehr geliebt?»

«Die Erinnerungen an unsere Jugend vor allem, an das Gymnasium, an die Gespräche ... Man ist so egoistisch, oder jedenfalls bin ich es.» Jean begann von Françoise zu erzählen, von ihrem Leben und von ihrem Tod.

«Ein rasch fortschreitender Krebs», sagte er.

Er schwieg eine Weile, dann fügte er hinzu:

«Krebs, das ist der Minotaurus unserer Zeit ...»

«Nein, sprechen Sie nicht von ihm wie ein Poet.

weder von ihm noch vom Krieg ... Beide haben kein Recht auf die Sprache der Poesie ... Mit Haß muß man von ihnen sprechen. Und in der Poesie ist immer die Liebe beteiligt und die Schönheit.»

Hinter Lyon, auf der Autoroute, berauschten sie sich an der Geschwindigkeit. Straßen, Scheinwerfer, Räder, parallellaufende Gedanken – das Brausen des Windes in den Ohren jagten sie dahin. Marie hatte Constances Beine über ihre Knie gelegt. Die Stunde der Müdigkeit war vorüber. Jetzt bin ich mit mir im Einklang, dachte sie. Sie fühlte sich gesammelt und stark. Sie genoß die Vertrautheit, die sie mit ihrem Wagen verband, die Gefügigkeit des Gashebels, das kaum hörbare, gleichmäßige Geräusch des Motors und diese fast lebendige Wärme an ihren Füßen.

«Die erste Zypresse!» sagte Jean.

Dunkler als die Nacht ragte sie vor ihnen auf, unbewegt, vollkommen symmetrisch. Als die Scheinwerfer sie anstrahlten, wurde sie für einen Augenblick ein wirklicher Baum mit Nadeln und Zweigen und seiner Farbe. Als Marie die Zypresse im Rückspiegel betrachtete, war sie wieder zu einer Statue geworden, schwarzer Marmor. Sie dachte an die Böen des Mistral, die sie im Frühjahr geschüttelt hatten und die im Herbst wieder über sie herfallen würden ... der Wind, das Feuer.

«Haben Sie das Bändchen von Bachelard gelesen, *‹Die Kerzenflamme›*?» fragte sie.

«Ja», antwortete er, als habe er auch gerade daran gedacht. «Erinnern Sie sich an die Stelle, wo er sagt, die Flamme sei eine beseelte Senkrechte ...?»

Er zitierte: «Welch zartes Leben in der Flamme, die sich streckt und züngelt! Die Werte des Lebens und des Traums sind dann miteinander verbunden.»

«Ja, das ist es ... Ich kann nie den genauen Wortlaut behalten ... Irgendwo zitiert er einen Dichter, ich weiß nicht mehr, wer es war, der den Baum einen ‹Scheiterhaufen von Säften› nennt.»

«Das ist Louis Guillaume ...»

«Und dann spricht er von der nächtlichen Arbeit, vom Alleinsein und vom Lesen, vom Lernen beim Licht einer Kerze ... Das Buch, der Mensch, die Kerze und die Einsamkeit – er spricht davon wie von einem Glück ...» Sie zögerte, dann lachte sie leise. «Man muß stark sein, das ist alles, und sehr klug ... Und er sagt auch, man dürfe nicht in die Flamme blicken, sondern müsse sich von ihr leuchten lassen, sonst träume man, statt zu arbeiten ...»

«Soll ich Sie nicht ein bißchen ablösen ... Ich fahre sehr gut, müssen Sie wissen ... Ich bin sogar vorsichtig, und Sie könnten in die Flamme blicken und träumen ...»

Sie wich der Antwort aus.

«Wissen Sie, was Bachelard von der Träumerei sagt? Sie begnüge sich damit, uns zu entrücken, aber sie verleihe uns nicht die Kraft, uns zu neuem Leben aufzuschwingen; die Phantasie dagegen sei eine der Formen menschlicher Kühnheit ... Nein, verleiten Sie mich nicht zum Träumen ... den Träumen gehe ich zu leicht auf den Leim, ich habe genug vom Träumen, glauben Sie mir.»

«Dann fahren Sie, und träumen Sie nur nicht, das könnte gefährlich werden.»

Constance schlief fest, in ihrer ganzen Länge ausgestreckt, gelöst.

«Wie ein junges Weidenblatt, finden Sie nicht?» sagte Marie.

«Ja, kein schlechter Vergleich ... Vielleicht sagt später einmal ein Mann zu ihr: ‹Mein allerliebstes Weidenblättchen!›» Sie lachten beide.

«Jetzt kommt die Provence, ich rieche sie schon», sagte Marie. «Hinter Avignon lasse ich Sie ans Steuer, aber vorher will ich den Morgen dämmern sehen.»

Jean hob behutsam den Kopf des Kindes, lehnte sich tiefer in seinen Sitz und schloß die Augen. Marie suchte im Rückspiegel nach Médor, doch er schlief wohl am Boden, wo er vor dem Fahrtwind geschützt war. Nun war sie mit sich allein, und ein herrliches Gefühl der Freiheit überkam sie. Bald begann der Himmel bleich zu werden. Ich warte auf die Morgendämmerung, dachte sie, gleich muß sie kommen. So lange sie lebte, würde die Morgendämmerung sie ergreifen. Sie las in den Kalendern nach, wann die Sonne aufging, und im Sommer, wenn sie früh aufwachte, schwankte sie oft zwischen der Versuchung, liegenzubleiben, und dem drängenden Wunsch, aufzustehen. «Ob ich sie wohl sehe?» Sie sprach von der Morgendämmerung wie von einem Menschen. Im Winter war es leicht, da war sie längst vor ihr auf, aber um Ostern kam immer ein Morgen, an dem sie den Tagesanbruch verschlief. Den Morgen dämmern sehen – vielleicht war das ihre ein wenig kindliche Art, neuen Mut zu schöpfen: alles war in Ordnung an dem irdischen Triebwerk, der Tag würde gut verlaufen, nichts war zu fürchten, die Götter blickten freundlich. Und sie wußte doch, wußte mit dem Verstand, daß, so lange die Welt besteht, der Tag zur vorgesehenen Stunde anbricht, unbekümmert um die Freuden und Leiden der Menschen ... Die Sonne ... die Uhren ... und überall in der Welt, dachte Marie, sind die Bürokraten ihrem Beispiel gefolgt: unerschütterlich, methodisch, allem Menschlichen fremd ... Und sie sind doch auch Menschen – das macht es so unbegreiflich ... Aber sie haben sich entschieden, Maschinen zu sein, Automaten ... kein Blut fließt in ihren Adern, sie haben nie die ‹Regungen des Herzens› gespürt oder haben sie so völlig vergessen, daß es auf das gleiche herauskommt ... Eines Tages werden sie durch wirkliche Maschinen ersetzt werden, es hat schon angefangen ... Vielleicht ist es besser so, dann gibt es jedenfalls keine Zweideutigkeit mehr, dann weiß man, mit wem man es zu tun hat, sucht nicht mehr einen Blick, wartet nicht mehr auf ein Schwanken der Stimme. Eine schöne Maschine wird sagen: «Madame, Sie müssen diesen Schuldbetrag innerhalb der vereinbarten Frist bezahlen, andernfalls werden wir uns gezwungen sehen, gewisse Maßnahmen zu ergreifen, die für Sie nicht sehr vorteilhaft sind.» Man braucht sich wenigstens nicht mehr zu schämen, daß es ein Mensch ist, der solche Worte ausspricht, man wird nicht mehr denken: aber dieser Mann da vor mir hat doch sicher eine Frau, hat Kinder oder eine alte Mutter oder einen Freund, und wenn er nur einen Hund hat, es ist doch nicht möglich, daß einer durchs Leben geht, ohne daß sich irgendwann einmal sein Herz regt ... Marie lacht vor sich hin ... Wie komisch, wenn die Maschine, die intelligente und scharfsinnige Menschen geschaffen und sorgfältig eingestellt haben, menschlichere Antworten gäbe als die Bürokraten ... Man kann nie wissen ...

Es waren nur noch fünfundzwanzig Kilometer bis Avignon. Die Autoroute umging Orange. Sie war völlig leer; Marie trat den Gashebel ganz durch. Sie sah auf die Uhr. In zehn Minuten muß ich's schaffen, sagte sie sich. Der Gedanke machte ihr Spaß. Sie beschloß, Jean erst hinter Aix zu wecken. Sie sah den Schlafenden an.

Warum nicht ... warum es nicht versuchen? Einfach sein ... Ja, darum ging es, und das gelang ihr nicht ... Wenn hin und wieder ein Gesicht sich ihrem Gesicht genähert hatte, war sie fast in Tränen ausgebrochen ... Ihr Gefühl hätte so mächtig sein müssen, daß es sie aus sich selber hinauswarf, sie hinderte zu denken ... so mächtig, daß sie einfach ins Wasser sprang ... Ich bin im Eis gefangen ... am Ende der Welt, irgendwo am Nordpol. Die geschlechtliche Berührung war viel leichter als die Berührung der Hände oder der Gesichter. Unerträgliche Vorstellung: ein Gesicht, das sich an ihres schmiegte, ein Spaziergang Hand in Hand. Sie sah Bilder vor sich, die ihr weh taten. Das bedeutet nichts, das bedeutet nichts, sagte sie sich immer wieder. Es liegt an dem Morgengrauen, dem Mangel an Schlaf ... Die ganze Fahrt über bin ich doch glücklich gewesen, es war eine schöne, glückliche Nacht ... Er hat sogar von der Krankheit seiner Schwester sprechen dürfen ... Ich konnte es abbrechen ... Ich kann von allem sprechen, an alles denken, ohne daß mir das Herz schneller schlägt ... Ja, ich bin wieder Herrin meiner selbst, buchstäblich Herrin meiner selbst ... Constance bewegte sich ein wenig, und Marie hielt das Bein fest, das von ihren Knien gleiten wollte ... Sie fühlte die warme Haut des Kindes ... Möge ihm dies nie, niemals widerfahren! Ihr kamen die Tränen ... Das hat nichts zu bedeuten, sagte sie sich wieder, ein Augenblick der Schwäche, weil ich übernächtig bin. Es zeigt, daß ich mir nachgebe, und wenn ich mir nachgebe, so weil ich fühle, ich kann es mir erlauben, ich bin stark genug, es zu ertragen ... Vor ein paar Monaten noch war ich ständig auf der Hut ... Jetzt darf ich mir nachgeben ... Das ist ein gutes Zeichen. Sie schaute in den Rückspiegel und sah ihr verzerrtes Gesicht, die geröteten Augen, die geschwollene Nase und das zerzauste Haar.

Längst hatte sie die Autoroute verlassen und fuhr nun in Richtung Aix. Sie beschloß zu halten. Ich will mich ein bißchen frisch machen ... so kann ich mich vor Jean nicht sehen lassen. Der Knoten in ihrer Kehle war verschwunden, ihre Kiefer konnten sich entspannen; im Mund schmeckte sie die zurückgehaltenen Tränen. Plötzlich wurde sie gewahr, daß die Sterne erloschen waren, daß es Tag geworden war. Nun habe ich die Morgendämmerung verpaßt, dachte sie, ich habe darauf gewartet, und dann haben mich Gott weiß was für Gedanken überfallen und abgelenkt ... ich habe alles vergessen – das schwarze Loch. Sie sah die Zypressenhecken, die sie so liebte. Médor war wach geworden und legte seinen Kopf auf ihre Schulter. Sie gab ihm einen leichten Klaps auf die Schnauze und sagte ihm leise guten Morgen. Er wedelte mit dem Schwanz und streckte den Kopf vor; dabei zogen seine

Augen und Ohren sich rückwärts, so daß es aussah, als lächelte er.

Sie war jetzt oberhalb von Aix und fuhr langsamer, um zu parken. Behutsam ließ sie den Wagen auslaufen und hoffte, die anderen nicht zu wecken. Doch Constance schlug die Augen auf; Marie legte den Finger auf die Lippen. Sie schlüpften aus dem Wagen. Draußen reckten sie die Glieder wie Insekten und gähnten nach Herzenslust.

«Ist man erst einmal hier, dann hat man es geschafft», sagte Constance. «Ich habe Durst. Du nicht?»

Marie fiel ein, daß sie eine Thermosflasche mit Tee und Keks mitgenommen hatte. Wie ein Wolf schlich sie zum Wagen und holte sie. Jean schlief, den Mund ein wenig geöffnet; eine Haarsträhne war ihm in die Stirn gefallen. «Kusch dich!» befahl sie dem Hund, der anfing zu winseln. Sie entfernten sich von dem Wagen und setzten sich unter einen Baum.

«Du hast gar nicht geschlafen?» fragte Constance. «Warte, ich gebe dir Tee . . . und iß auch ein bißchen.»

Marie ließ sich bedienen.

«Ja, verwöhne mich nur, das tut gut.» Sie trank mit Genuß und knabberte einen Keks.

«Morgen früh», sagte sie, «werden uns die Zikaden wecken.»

«Weißt du noch, im vorigen Jahr saß eine auf dem Baum gleich am Haus, vor meinem Zimmer. Weißt du noch, jeden Morgen fing sie um die gleiche Zeit an zu singen. Sie machte mich rasend, sie schrillte immer lauter, und dann brach sie auf einmal ab, ich weiß nicht warum, und das schlimmste war, daß die anderen ihr antworteten . . .»

«Ja . . .» Marie erinnerte sich. Eines Morgens war Constance ganz aufgebracht zu ihr ins Zimmer gekommen. «Komm mit», hatte sie gesagt, «laß uns die Zikade fangen, ich halte es nicht mehr aus; selbst wenn sie morgens einmal nicht zirpte, würde sie mich wekken, so sehr bin ich es schon gewohnt, verstehst du . . .» Sie waren hinuntergegangen und hatten gewartet, bis die Zikade wieder ihren schrillen Gesang anstimmte. Sie hob sich so wenig von dem Baumstamm ab, daß sie sie beinahe nicht gefunden hätten. Als sie sie entdeckten, machte Marie Constance darauf aufmerksam, wie der Leib des Insekts beim Zirpen vibrierte. «Nur die Männchen machen dieses Geräusch, die Weibchen sind still», erklärte sie ihr.

«Aha! Vielleicht um sich den Weibchen bemerkbar zu machen?» hatte das Kind gefragt.

Marie wußte es nicht. Sie hatte die Zikade gefangen, was gar nicht leicht war, denn die Füße hafteten an der Baumrinde, und dann waren sie ganz hinunter ins Tal gegangen und hatten sie auf einen Feigenbaum gesetzt.

«Und hier gibt es keine Zikaden?»

«Ich glaube doch, aber es ist noch zu früh, sie singen erst, wenn sie die Sonne spüren.»

«Als ich klein war», begann Marie zu erzählen, «ich mag ungefähr in deinem Alter gewesen sein, gingen meine Eltern in den Ferien auch in den Midi; sie hatten ein Haus nicht weit von dem Ort, wo Jean hingeht, eines Tages zeige ich es dir . . . Als der Sommer zu Ende ging, und wir wieder abreisen mußten, war ich so traurig, daß ich am letzten Tag, ehe ich den Strand verließ, ein Fläschchen mit Sand und eines mit

Meerwasser füllte; und im Garten fing ich eine Zikade, die steckte ich in eine große Streichholzschachtel, in die ich lauter Löcher gebohrt hatte ... Das waren meine drei Schätze. In der Stadt stellte ich sie neben mein Bett und schaute sie jeden Abend an. Die Zikade starb natürlich, vor Kälte oder Hunger, ich weiß es nicht, aber auch als sie tot war, habe ich sie noch aufbewahrt, sie trocknete ein.»

«Hat sie denn nicht gestunken?»

«Nein, das weiß ich nicht mehr, ich weiß nicht einmal mehr, ob ich traurig war über ihren Tod. Im nächsten Sommer, an dem Tag, an dem wir abreisten, warf ich den Sand, das Wasser und die Zikade weg.»

«Und die Fläschchen, hast du sie mitgenommen?»

«Ja, ich nahm sie leer mit, um sie am letzten Ferientag wieder zu füllen ...»

«Als du das letzte Mal vom Strand fortgingst ... nennst du das sentimental oder romantisch?»

«Wie boshaft du bist!» sagte Marie. «Ich weiß es nicht recht ... Ich würde lieber sagen romantisch, aber ich bin nicht sicher ...»

«Wollen wir uns jetzt schön machen?» fragte Constance.

Geschwind holte sie aus der Handtasche der Mutter alles, was sie brauchte, Bürste, Kamm, Reinigungsmilch fürs Gesicht, Watte, Kleenextücher und Spiegel.

«Ich mache den Anfang», sagte sie und ließ sich im Schneidersitz nieder, «dann kannst du dich noch ein bißchen ausruhen, und nachher halte ich dir den Spiegel, damit du dich frisieren kannst.»

Marie legte sich auf die Erde, die Hände unter dem Nacken, die Augen zum Himmel gerichtet. Bald hörte sie Constances Stimme nur noch wie von ferne, ein leises, undeutliches Zwitschern.

«Warum darf ich in Paris dein Gesichtswasser nie benutzen? Weißt du, ich bin wirklich nicht mehr so klein wie Mustela et Compagnie ... Wie gut das riecht! Bin ich dreckig! Du kannst es dir nicht vorstellen ... Wo soll ich die schmutzige Watte lassen? Oh, meine Haare ... völlig durcheinander, unvorstellbar ... Ein Glück, daß du deine Bürste dabei hast, mit dem Kamm käme ich überhaupt nicht durch ... Hast du in meinem Alter die Haare kurz oder lang getragen ... Sag ...»

Constance warf einen Blick auf die Mutter und sah, daß sie schlief. Sie beendete ihre Morgentoilette, goß sich etwas Tee ein, aß einen Keks; dann schaute sie sich die vorüberfahrenden Wagen an. Doch das wurde ihr bald langweilig, und sie überlegte, was sie anfangen sollte ... Médor holen? Jean wecken? Oder Marie? All diese Schlafenden um sie herum machten sie ungeduldig. Männer haben einen viel schwereren Schlaf als Frauen, dachte sie angewidert. Sie konnte ja Médor rufen, er würde winseln, und das müßte Jean wohl oder übel hören ... Doch dann überlegte sie, es sei schicklicher, wenn ihre Mutter frisiert war, ehe Jean kam. Sie beugte sich über Marie und küßte sie leise.

«Mama ... du mußt aufwachen ... du mußt dich noch kämmen ...»

Marie rührte sich nicht, sie lächelte nur mit geschlossenen Augen.

«Ich bereite dir alles vor», sagte Constance und tränkte die Watte schon mit Gesichtswasser. «Soll ich dir das Gesicht abwischen?»

Sie streckte die Hand aus. Marie öffnete die Augen, nahm den Wattebausch und strich sich damit über Wangen und Stirn.

«Ah, das ist angenehm! Habe ich lange geschlafen? Ich glaube, ich habe geträumt, aber ich weiß nicht mehr was . . .»

«Hast du gehört, wie ich mit dir gesprochen habe, als du schliefst?»

«Ist Jean wach?»

«O nein, der schläft noch . . . Glaubst du, daß er nachts schnarcht?»

«Das weiß ich nicht . . . Frag ihn doch selbst.»

«Angeblich sagen die Männer ja immer, sie schnarchten nicht . . . Ich werde nie einen Mann heiraten, der schnarcht.»

Marie kämmte sich, Constance hielt ihr den Spiegel.

«Du solltest lieber ein Kopftuch umbinden, vor allem bei dem Wind im Wagen», riet Constance.

«Wir müssen Jean wecken», sagte Marie.

Constance rief Médor; er fing an zu jaulen, dann bellte er ungeduldig.

«Bis er aufgewacht ist, lasse ich Médor heraus.»

«Wollen Sie sich neben mich setzen?» fragte Jean.

Marie sagte, sie wolle lieber auf den Rücksitz, um sich hinzulegen. Blitzartig sausten sie los.

«Das ist kein Motorrad!» rief Marie ihm ins Ohr.

«Los, Jean, fahren Sie schnell, so schnell wie ein Ferrari!»

Wie der Wind brausten sie jetzt durch Aix.

«Fahren wir in Richtung Brignoles?» fragte Jean.

«Ja», sagte Constance auf gut Glück. «Großartig, wir überholen alle!»

Der Hund, der neben Maries Füßen saß, trank den Wind fast so begeistert wie Constance. Marie richtete sich ein wenig auf und betrachtete Jeans Nacken und seine Hände auf dem Steuer, Männerhände mit sichtbaren Adern. Er lächelte ihr im Rückspiegel zu und fragte, offenbar weil er in ihrem Gesicht ein gewisses Vertrauen las:

«Angst?»

«Sie fahren nicht schlecht! Aber hängen Sie sich bitte nicht so dicht hinter die anderen Wagen, ehe sie sie überholen, das kann ich nicht leiden.»

«Oh, im Gegenteil, ich finde das herrlich. Man denkt, gleich fährt man dem anderen rein, dann dreht man auf und überholt ihn im allerletzten Augenblick», sagte Constance. «Weiter, Jean, Mama sagt das nur so, im Grunde macht es ihr bestimmt Spaß.»

Marie beobachtete Constance, die winzig wirkte neben dem Mann, zu dem sie jetzt bewundernd aufblickte, wobei sie zugleich den Wind nützte, damit er ihr die Haare schön um den Kopf flattern ließ. Sicher denkt sie, ein Mann ist doch etwas Wunderbares, sagte sich Marie. Eine zärtliche Rührung überkam sie, während sie die beiden betrachtete ... Drei Einsamkeiten ... Aber ihr wird nichts und niemand widerstehen, sie wird alle Pforten sprengen. Ein paar Worte waren in ihr aufgestiegen, aufgetaucht oder wieder aufgetaucht, sie wußte nicht woher; nicht ein Schrei, sondern ein Murmeln, das sich wiederholte, während über ihr die Zweige und die Blätter der Platanen vorüberflogen: «Es wird Tag», «es wird Tag ...» Warum gehen diese

Worte mir heute nach, warum klingen sie so in mir wider? Es sind doch ganz alltägliche Worte, man sagt sie oft. Ich möchte sie mit in den Schlaf nehmen. Sie dämmerte ein wenig ein, ein Lächeln auf den Lippen ... Da fielen ihr die Worte wieder ein, und sie wußte wieder, wo sie hingehörten ... An dem Tag, als Constance geboren wurde, tratest du ans Fenster und sagtest: «Es wird Tag ...» Sie öffnete die Augen. Wenn ich doch endlich lernte, ‹er› zu denken und nicht ‹du›, sagte sie sich, und es war wie ein Aufschrei ... Mein Gott, gibt es denn eine Liebe, die gut ausgeht? Nein, nie! Immer bringt sie am Ende Leid, und doch hat das nie einen Menschen entmutigt, zu lieben. Sie wandte sich Jean und Constance zu, sie sah, wie ihre Köpfe sich zuneigten, ihre Lippen sich bewegten, das Kind lachte, es zeigte mit dem Finger auf etwas auf der Straße, doch Marie verstand kaum, was sie sagten: «Der Jeep ... der Jeep.» Sie schlief wieder ein.

«Und fahren Sie schnell mit Ihrem Jeep? Ein Jeep, das ist mein Traum, später bekomme ich sicher einen ... Und man kann damit sogar auf dem Sand fahren ... Stellen Sie sich vor: mit dem Jeep an den Strand zu kommen ...»

«Ja, er ist sehr praktisch», sagte Jean, «vor allem auf schlechten Straßen und auf den Pisten in der Wüste.»

«Die Pisten in der Wüste ...» wiederholte Constance träumerisch. «Sind Sie in der richtigen Wüste gewesen?»

Jean lächelte. «Ja, durch meine Arbeit komme ich oft dorthin.»

«Was für eine Arbeit ist das denn?»

«Das heißt Archäologie.»

«Ach so, Sie sind Archäologe! Und was machen Sie eigentlich?»

«Zum Beispiel Ausgrabungen, um Kulturen des Altertums zu entdecken oder besser kennenzulernen.»

«Dann kutschieren Sie also die ganze Zeit herum?»

«Leider nicht die ganze Zeit. Zuweilen muß ich in Paris bleiben.»

«Sind Sie in Ägypten gewesen? Von allem, was wir in der Schule durchgenommen haben, mag ich Ägypten am liebsten, besonders Nofretete und die Pyramiden und das Tal der Könige.»

«Aber dort gewesen bist du noch nicht?»

«Nein, aber ich hab Farbfotos davon gesehen. Unser Geschichtslehrer ist fabelhaft. Und wo sind Sie noch gewesen?»

«In Afghanistan und Pakistan.»

«Gibt es Afghaner, die Windhunde, in Afghanistan?»

«Nein, gar nicht, ich habe nie welche gesehen. Nur der König hatte ein paar, aber die hatte er sich aus England kommen lassen.»

«Aber wenn Sie die ganze Zeit herumkutschieren, können Sie doch keine Frau und Kinder haben ... Oder Sie brauchten eine Frau, die den gleichen Beruf hat wie Sie; aber für die Kinder ist es in jedem Fall schwierig, wegen der Schule. Ist das auch ein Beruf für Frauen, Archäologie?»

«Ja, warum nicht?» sagte Jean.

«Und man hat einen Jeep», murmelte Constance vor sich hin. «Und Sie haben nie eine Archäologin getroffen?»

«Nein, nie», antwortete er.

«Sie sind also schon einmal mit einer Frau verheiratet gewesen, die keine Archäologin war?»

«Nein, nie», wiederholte er. «So eine kleine Person und so viele Fragen! Darin bist du deiner Mutter aber gar nicht ähnlich.»

Constance suchte zur Ablenkung etwas im Handschuhfach und fand darin Kaugummi und Bonbons. Sie wählte ein Pfefferminzbonbon und lutschte mit ernster Miene: Ich tu den Mund nicht mehr auf, darauf kann er sich verlassen ... Sie sah sich nach Marie um, auf diese Weise konnte sie zugleich einen verstohlenen Blick auf Jean werfen. Ihre Mutter schlief friedlich, eine Hand unter dem Kopf, die andere lag auf dem Hund, der auch schlief.

«Sie ist müde», sagte Jean.

«Das ist doch klar», antwortete Constance. «Sie hat ja auch die ganze Nacht am Steuer gesessen, und sie hätte gut noch weiterfahren können bis zu unserem Haus.»

Er bat sie, auf der Karte nachzusehen.

«Nach Brignoles, weißt du, wie wir dann fahren müssen?»

«Weiter bis Le Luc natürlich ... Kennen Sie den Weg nicht? Wie fahren Sie denn sonst?»

«Meist mit dem Zug.»

«Haben Sie keinen Wagen?»

«O nein, woher denn ... Ein Zimmer, das ist alles.»

«Und der Jeep?»

«Den leiht man mir zu meiner Arbeit, und damit hat sich's ... Haben Sie nicht Durst, Mademoiselle, darf ich Sie nicht zu einer Erfrischung einladen?»

Er sah sie so freundlich an, daß ihr Groll verging. Männer und Jungens vergaßen kleine Ärgernisse immer sehr rasch, das hatte sie schon bemerkt und sich auch ihre Gedanken darüber gemacht: Wir Mädchen tragen gern etwas nach, wir rächen uns, und die Jungens fallen dann aus allen Wolken und sagen: «Was hab ich dir denn getan?» Jean war auch so ... Vielleicht hatte er sich gar nichts dabei gedacht ... er hatte einfach keine Lust mehr zu reden und schwieg ... weiter nichts.

Die Idee, mit Jean etwas zu trinken, machte ihr Vergnügen.

«Ich bin nicht gerade durstig, aber ich trinke gern etwas», sagte sie in einem Ton, als liege ihr nicht sonderlich daran. «Sollen wir Mama wecken?»

«Nein, lassen wir sie lieber schlafen. Die Sonne ist noch nicht sehr heiß, ich werde einen Platz im Schatten suchen ...»

Zu zweit, das war noch schöner ... «Ich nehme Médor mit, damit er sie nicht weckt», verkündete sie.

Sie fanden eine Total-Tankstelle, weiß, unpersönlich, mit einem Tankwart, der mit einem *cheese*-Lächeln den Akzent des Midi sprach. Jean parkte den Wagen so, daß er vor der Sonne geschützt stand. Sie traten in eine Art kleiner Cafeteria, die fast verlassen war und wo es vor lauter Fliesen und Plastik wie in einer Klinik aussah. Constance entdeckte sofort das elektrische Billard und den Plattenspieler.

«Wollen wir eine Partie spielen?»

«Ja. Aber ich warne dich, ich spiele sehr gut ... Erst wollen wir etwas trinken. Was möchtest du? Für mich einen schwarzen Kaffee», sagte er zu der Kellnerin.

«Ich hätte gern eine Coca», sagte Constance. «Aber wenn Sie finden, es ist noch zu früh dafür, kann ich auch Tee trinken . . .»

«Also einen schwarzen Kaffee und eine Coca.»

«Ich darf doch eine Platte spielen? Ich sehe so furchtbar gern, wenn sie herunterkommt.»

Er nickte.

«Aber ich hab kein Geld», sagte sie.

Er zog ein paar Münzen aus der Tasche. Sie zählte sie.

«Wissen Sie, daß Sie mir fünf Francs gegeben haben? Sie haben sich wohl geirrt?»

«Ist das nicht genug?» fragte Jean.

«Ja, und ob! Fünf Francs, stellen Sie sich vor, nur zum Verspielen!»

Jean suchte schon nach mehr Münzen in der Tasche, doch Constance hielt ihm die unter die Nase, die er ihr gegeben hatte.

«Ah! Fünfhundert Francs ... Fünfhundert Francs habe ich dir gegeben.»

«Sie sind doch alle gleich, die Leute von Ihrer Generation, immer haben Sie noch Ihre alten Francs im Kopf. In der Schule rechnen wir aber nur mit richtigen Francs, mit neuen Francs, wie Sie sie nennen . . . Sie sind wohl nicht viel mit Kindern zusammen, wie?»

Sie legte eine Platte von Adamo auf.

«Also, machen wir ein Spielchen?» Sie tranken rasch aus. Constance band Médor ans Tischbein und ermahnte ihn, brav zu sein; dann gingen sie zu dem elektrischen Billard.

«Du fängst an», sagte Jean.

Constance hatte wenig Übung in diesem Spiel. In

Paris spielte sie es nur selten, in einem *bistrot* in ihrer Nachbarschaft. Aber es faszinierte sie, wie die Jungen sich beim Spielen benahmen. Sie beobachtete und kritisierte sie. Manche wurden ganz hitzig und rüttelten an dem Apparat, andere spielten verkrampft, reagierten immer zu spät, und die Kugel rollte nach unten. Und dann gab es die Lässigen; sie bewegten sich kaum und standen, in der Hüfte leicht eingeknickt, da, und Constance gefiel die Art, wie sie ihre Hände auf die Knöpfe legten und sie im allerletzten Augenblick mit dem Mittelfinger niederdrückten; dann prallte die Kugel an den Flippern ab und stieß gegen die Bumper. Sie hörte das Knistern der Fünkchen und sah die Ziffern auf der Zähltafel erscheinen, während die Lämpchen aufleuchteten. Die Jungen verzogen keine Miene, warfen kaum einen Blick auf die Umstehenden und schienen sich nicht einmal für die Zahl zu interessieren, die nach jeder Partie den Endstand anzeigte. Sie traten wieder zu ihren Freunden, als wäre nichts gewesen. Constance sah sie vorbeigehen. Diese Jungen bewunderte sie. Das *bistrot* war selten leer, und da sie nicht gut spielen konnte, stellte sie sich ungern zur Schau. Sie hatte noch keine Fortschritte gemacht.

«Wissen Sie, ich spiele nicht besonders gut», gestand sie Jean.

«Das macht nichts ... man spielt doch zum Spaß. Los, fang an!»

Sie fing an. Jean lobte sie oder sagte ihr, was sie falsch machte. Schließlich fragte er: «Soll ich es dir beibringen? Dann könntest du deinen Freunden imponieren. Bei mir macht es ja nichts, wenn ich weiß, daß du es nicht kannst, ich bin ein alter Herr, nicht?»

Sie widersprach nicht. Er stellte sich hinter sie, seine Hände auf den ihren.

«Nicht aufregen», sagte er, «daß die Kugel nur kommen ... Siehst du ... so, jetzt ist sie wieder unterwegs ... nur ein leichter Druck, aber im letzten Augenblick ... Paß auf! Versuch das Ding zu erwischen ... Nicht zu stark, sonst rollt sie nach hinten ... Nein ... noch nicht ... warte ... Da, wir haben verloren, haben zu lange gewartet ... Weißt du, es kommt auf den Bruchteil einer Sekunde an.»

Sie spielten mehrere Partien. Constances Herz klopfte zu schnell ... Sie verstand wohl, was er meinte, aber sie schaffte es nicht ... Sie drückte entweder zu stark oder zu spät und sah dann die Kugel zwischen den Flippern durchschlüpfen.

«Nur nicht den Mut verlieren!» sagte Jean. Er fühlte, wie sich ihre Hände verkrampft hatten. «Du wirst es schon lernen ... Ich habe es auch erst lernen müssen.»

«Ich mag nicht mehr spielen», sagte Constance. «Darf ich noch eine Platte auflegen? Was möchten Sie hören?»

«Schau mal, ob es eine von Brassens gibt oder von der Piaf.»

«O ja! ‹*Je ne regrette rien* ...› Und Mireille Mathieu, mögen Sie die?»

Jean hatte wieder angefangen zu spielen, und bei jedem Treffer knisterte es an den Kontakten wie ein kleines Feuerwerk. Constance stützte sich mit den Ellbogen auf den Automaten. Jean kümmerte sich nicht um sie, fünf Minuten war er ganz bei dem Spiel.

«Glauben Sie, daß Mama noch schläft?»

Jean sah auf.

«Sicher, sonst käme sie zu uns ... Komm her, Constance, versuch's noch mal ...»

Er stellte sie wieder vor sich.

«Nicht zapplig werden ... ganz ruhig ... nein, nicht mit Gewalt ... So ... das ist gut ... Nein ... nein, zu früh.»

Constance ließ den Kopf hängen, sie war dem Weinen nahe.

«Sie tun mir mit Ihren Händen weh!»

«Gut, lassen wir das. Ich trinke noch einen Kaffee.»

Das Kind spielte allein weiter. Leise wiederholte es sich Jeans Ratschläge. Auf einmal gelangen ihr mehrere Coups. Jean hörte es und sah sie an, aber sie war so vertieft, daß sie es nicht merkte. Ihre Hände, die auf den Knöpfen lagen, hatten sich auf die Hindernisse, denen die Kugel begegnete, eingespielt, als antworteten sie. Constance hielt den Atem an und biß sich auf die Zungenspitze; ihre Augen folgten der Kugel, ihre Finger krümmten sich, und ihr übriger Körper, die ganze übrige Welt existierten nicht mehr.

«Jean, ich hab's raus», rief sie, «jetzt kann ich es!»

Sie stürzte ihm in die Arme, küßte ihn und setzte sich auf seine Knie. Er ließ sie gewähren und wußte nicht recht, was er sagen sollte.

«Möchtest du noch eine Coca?»

Constance trank mit einem Strohhalm. Den Ellbogen auf den Tisch gestützt, balancierte sie auf seinem einen Knie und ließ die Beine baumeln.

«Rauchen Sie nicht?» fragte sie.

«Nein, nie.»

Einen Augenblick schien sie enttäuscht, dann nukkelte sie weiter an ihrer Coca, ihre Augen blitzten.

«Ich hab es rasch gelernt», sagte sie. «Es ist gar nicht schwer . . .»

«Ganz richtig kannst du es noch nicht, aber du hast's kapiert.»

«Ich glaube nicht, daß Mama Billard spielen kann . . . Wollen Sie nicht etwas essen?»

«Zum Frühstück nie», antwortete er.

«Komisch ist das mit den Gewohnheiten, Mama und ich machen es genau umgekehrt: beim Frühstück schlingen wir.» Sie stand auf, stellte die Flasche auf den Tisch und setzte sich Jean gegenüber.

«Finden Sie, daß ich Mama ähnlich bin, oder gar nicht?»

«Ein bißchen schon», sagte er.

Er streckte die Hand über den Tisch und kraulte sie lachend an der Nasenspitze. Sie schloß die Augen, ganz hingegeben, mit unbewegtem Gesicht.

«Wo haben Sie Mama eigentlich kennengelernt?»

«In Kairo. Ich glaube, sie war nur für ein paar Tage da. Ich lebte damals in Kairo, und sie rief mich an.»

«Und dann haben Sie sich getroffen. Oh, erzählen Sie!»

«Ja, wir sind zusammen ins Museum gegangen, und dann haben wir natürlich die Pyramiden besichtigt . . . Einer Fremden, die auf der Durchreise in Kairo ist, die Pyramiden nicht zu zeigen, das ging doch nicht an.»

«Und dann?»

«Dann haben wir uns Pferde gemietet und sind

noch zu einer anderen Pyramide geritten, der von Sakkara.»

«Sie beide allein?»

«Es ist wunderbar, durch die Wüste zu galoppieren ... In ein paar Jahren mußt du das auch einmal machen.»

Es war wie eine Sonnenfinsternis. Constances Gesicht verdüsterte sich, ihr Lächeln schwand, das Strahlen in ihren Augen erlosch. Jean bemerkte die Veränderung, wußte sie sich aber nicht zu erklären.

«Noch ein Spiel, bevor wir aufbrechen?»

Sie schüttelte den Kopf. Er machte sie darauf aufmerksam, wie brav Médor war. Sie hörte es mit starrem Blick, abwesend, den Kopf hoch erhoben und mit einem Ausdruck tiefer Verachtung. Die beiden allein, Seite an Seite reitend, das war ein unerträglicher Gedanke.

«Ich glaube, wir müssen weiter», sagte er und lächelte ihr zu.

Sie stand auf und band den Hund los. Jean betrachtete sie, wie sie zwei Schritte vor ihm herging, und fragte sich, was geschehen sei. Über dem Auto war noch immer Schatten, und Marie hatte sich nicht gerührt. Constance würdigte sie keines Blickes. Sie nahm den Hund mit nach vorn, setzte ihn zwischen sich und Jean und rückte so dicht wie möglich an die Tür.

«Und hinter Le Luc, wie geht es dann weiter?» fragte er.

Der Name des nächsten Dorfes, ein Doppelname, wollte ihr nicht einfallen. Sie erinnerte sich nur, daß gleich danach ein Kastanienwäldchen kam und daß Marie sie jedesmal, wenn sie dort vorbeifuhren, darauf aufmerksam machte, daß es die einzigen Edelkastanien in der Gegend seien. Dort war es immer kühl und viel dunkler, Constance fand das Wäldchen traurig, ein bißchen düster; es paßte gut zu dem, was sie seit einigen Minuten in ihrem Innern empfand, zu diesem Schmerz, dieser brennenden Empörung und der Versuchung zu weinen.

«Hörst du die Zikaden?» sagte Jean. «Sie müssen angefangen haben zu singen, während wir Billard spielten.»

«Ich kann Zikaden nicht leiden», sagte sie. «Es ist blöd, immer dasselbe Geräusch zu machen!»

Sie versuchte immer noch auf den Namen des Ortes zu kommen, von dem es in ununterbrochenen Windungen zum Meer hinunterging. Marie machte sich jedesmal einen Spaß daraus, die Reifen quietschen zu lassen, und Constance ließ sich abwechselnd nach links und nach rechts werfen oder hielt sich an der Tür fest. Sie lachten beide vor Freude ... Das war die Ankunft, das Fest der Ankunft ... Ja, und dann sah man sehr bald das Kastanienwäldchen ... Der Geruch, der Boden, alles war dort anders, weniger trocken, weniger karg, vielleicht durch diese großen Bäume, so grün mit ihrem vollen, schattigen Laub, während es sonst überall nur Heidekraut, Korkeichen, Strandkiefern und ein paar Zypressen gab und hin und wieder eine Olivenpflanzung ...

Constance nickte schließlich zwischen den Pfoten des Hundes ein, ohne den Namen des Ortes gefunden zu haben; sie suchte ihn weiter in einem Gewirr von kreiselnden Kastanien und von Pferden, die an Pyramiden entlanggaloppierten. Im selben Augenblick wachte Marie aus ihrem Schlummer auf; das heftige Licht und die Hitze auf ihrem Gesicht hatten ihn verscheucht. Sie öffnete blinzelnd die Augen und sah vor sich das Profil von Jean. Doch sie rührte sich nicht und schwieg, hörte schlaftrunken den Zikaden zu, atmete die vertrauten Düfte ein. Sie warf einen Blick nach rechts und erkannte die Hügel, die vor einigen Jahren das Feuer verwüstet hatte; jetzt wuchsen dort wieder Bäume, doch sie waren alle noch klein, denn nichts, nicht einer war damals von dem Brand verschont geblieben.

Jean drehte sich zu ihr um.

«Guten Morgen!» sagte sie.

«Haben Sie gut geschlafen?»

«Himmlisch . . .»

Sie richtete sich auf und sah das Kind und den Hund schlafen.

«Schläft sie schon lange?»

«Ich habe nicht darauf geachtet, aber ich glaube nicht», sagte Jean.

«Von Garde Freinet an lassen Sie mich wieder fahren, ich möchte bei den Kastanien haltmachen . . . Das tun wir jedesmal . . .»

An der Abzweigung nach La Foux nahmen sie Abschied von Jean. Er hatte nicht gewollt, daß sie einen kleinen Umweg machten und ihn in Pramousquier absetzten. «Ich laufe lieber; wenn ich müde bin, fahre ich per Anhalter weiter oder nehme den Bus.» Marie kannte ihn gut genug, um zu wissen, daß er die Wahrheit sagte. In der prallen Sonne ging er davon, die Weingärten entlang. Marie und Constance schauten ihm nach, wie er sich mit großen, gleichmäßigen, langsamen Schritten entfernte, schön, einsam und charmant. Er ging mit freien Händen, den amerikanischen Seesack am Riemen über der Schulter. Warum einsam? fragte sich Marie. Kann man mit fünfundvierzig noch so knabenhaft sein? Vielleicht irre ich mich, ich kenne ihn so wenig ... Warum gab es keinen Funken in ihr? Marie verzweifelte an ihrer eigenen Gleichgültigkeit – oder war es die der anderen? Sie wußte es nicht recht, aber sie fühlte sich unfähig zu einer Bemühung. Sie wartete, daß es von selbst kam, eine Explosion, und dann, dachte sie, werde ich meine leidenschaftliche Aufmerksamkeit wiederfinden.

«Jean ist doch komisch», sagte Constance. «Hast du gesehen, wie er dir zum Abschied die Hand geküßt hat?»

«Weißt du, wir sind gute Freunde!»

«Wie hast du ihn eigentlich kennengelernt?»

«In Kairo, durch Freunde, die mir seine Adresse gegeben hatten.»

«Warum hast du mir nichts davon erzählt?»

«Nun ... Ich weiß nicht ... Weil ich es vergessen oder nicht daran gedacht habe ...»

Das Kind schwieg.

«Wie schön, wir beide allein», sagte Marie.

«Gefällt dir Jean?» fragte Constance rasch, mit tonloser Stimme.

«Ich finde ihn charmant, intelligent ...»

«Komisch, wie du manchmal gar nicht auf meine Fragen antwortest. Wenn ich das tue, schimpfst du mit mir ... Ich frage dich nicht, wie er ist, ich frage dich, ob er dir gefällt ...»

«Vielleicht . . .» sagte Marie.

Sie überlegte und kam zu dem Schluß, daß sie es selber nicht wußte.

«Siehst du, ich weiß ganz genau, daß es ein Unterschied ist, ob man jemanden liebt oder ob er einem gefällt», fuhr Constance fort. «Antoine, verstehst du, der gefiel mir, aber geliebt habe ich ihn nicht.»

«Aber du hast mir doch gesagt, du liebtest ihn . . .»

«Das ist lange her, Mama . . . Als ich dir das sagte, glaubte ich wahrscheinlich selbst, daß ich ihn liebte, aber dann ist mir aufgegangen, daß ich ihn nicht liebte . . . daß er mir nur gefiel . . . Ich bin ja noch sehr jung, da hab ich das verwechselt . . .»

Marie sagte nichts dazu. Constance sprach weiter:

«Außerdem sind die Jungens in meinem Alter wirklich noch sehr kindlich . . . Das ist das Langweilige an der Schule, immer sind wir mit Jungens in unserem Alter zusammen, und die aus den höheren Klassen sehen uns nicht an.»

«Du hast dich sehr verändert», sagte Marie.

«Natürlich, das ist normal in meinem Alter. Du sagst selbst, man entwickelt sich immerfort . . . Nur wenn man sehr alt ist, verändert man sich nicht mehr . . . Aber auch in deinem Alter entwickelt man sich noch . . . Das ist doch wahr, nicht?»

«Wie wär's, wollen wir an den Strand gehen, ohne erst zum Haus zu fahren?» schlug Marie vor.

«Wunderbar! Kein Mensch wird da sein!»

Sie bogen in eine schmale Straße ein, die ihnen vertraut war. Marie ließ den Tumult des Jahres hinter sich zurück und fühlte sich in eine fast unwirkliche Welt aufgenommen, wo nur der gegenwärtige Augenblick galt; es war wie eine ganz sanft wirkende Betäubung. Sie vergaß, was im Winter gewesen war, und sie machte sich keine Gedanken, was im Herbst sein würde. Die Sonne, die Luft, das Meer, sie allein waren wirklich, sie allein zählten. Sie fühlte, wie ihre Kanten, ihre Rauheiten schmolzen, es blieb nur eine zärtliche, lächelnde Marie, die Stunden damit hinbrachte, in der Sonne zu träumen oder zu lesen, kaum zu denken, zu schwimmen, sich in der Hängematte zu wiegen, den Tag und die Nacht kommen zu sehen. Das war nicht das Leben. Es war das Zwischenspiel.

Sie kamen an den Strand: nichts als flache, kaum erkennbare Linien, blonder Sand, das Meer blasser Türkis und so ruhig, daß sich keine Welle brach. Es war einer jener vollkommen schönen Tage, an denen Meer und Himmel ineinander fließen.

Constance und Marie standen reglos da.

«Wie schön», murmelte Marie. «Es ist unbegreiflich!»

Januar – Juli 1966

701/3